ABREGÉ
DE LA
PHILOSOPHIE
DE
GASSENDI.

Par F. BERNIER *Docteur en Medecine de la Faculté de Montpelier.*

TOME VII.

A LION
Chez ANISSON, & POSUEL.

M. DC. LXXVIII.
AVEC PRIVILEGE DV ROY.

TABLE DES LIVRES ET CHAPITRES

Contenus dans ce Tome.

LIVRE V.

De l'Appetit, & des Passions de l'Ame.

CHAP. I. De l'Appetit, de la Volonté, & du Siege de l'une & de l'autre puissance. page 461

Du Siege de l'Entendement, & de la Volonté. 468

TABLE.

Chap. II. Des Affections ou Passions de l'Ame en general. 485
Division, Distinction, & Fondement general des Passions. 493

Chap. III. Du Plaisir, & de la Douleur, que les Latins appellent Voluptas, & Molestia. 507
Des principales Especes de Plaisir, & de Douleur. 520

Chap. IV. De l'Amour, & de la Hayne. 530

Chap. V. De la Cupidité, & de la Fuite. 549

Chap. VI. De l'Esperance, & de la Crainte, de l'Audace, & de la Pusillanimité. 560

Chap. VII. De la Colere, & de la Douceur. 582

TABLE.

LIVRE VI.
De la Faculté Motrice des Animaux, & de leurs differentes Motions ou mouvemens.

Chap. I. *Ce que c'est que la Faculté Motrice des Animaux.* 600

Chap. II. *De la Voix des Animaux.* 623

Chap. III. *Si les Noms sont de Nature, ou d'Institution.* 631

Chap. IV. *Du Marcher des Animaux.* 638

Chap. V. *Du Vol des Animaux.* 647

Chap. VI. *Du Nager, & du Ramper des Animaux.* 653

Chap. VII. *De la Fin du mouvement des Animaux, & de leur Passage en des Regions etrangeres.* 665

TABLE.

LIVRE VII.
Du Temperament des Animaux.

Chap. I. Ce que c'est que Temperature, ou Temperamēt selō l'Opiniō cōmune. 678

Chap. II. Du Temperament selon les Chymistes. 688

Que le Temperament doit estre pris d'ailleurs que des Elemens vulgaires. 692

Chap. III. De la Santé. 714

Chap. IV. De la Maladie. 723

Chap. V. De la Cure naturelle des Maladies. 740

Chap. 6. De la vie des Animaux. 537

Chap. VII. De la Mort Naturelle, & Violente des Animaux. 764

Chap. VIII. De la Medecine Vniverselle, & des Années Climatteriques. 776

Chap. IX. De la Durée de la Vie des Animaux. 785

ABREGE'

LIVRE V.
DE L'APPETIT, ET DES PASSIONS DE L'AME.

CHAPITRE I.
De l'Appetit, de la Volonté, & du Siege de l'une & de l'autre Puissance.

Usques icy nous avons traité de la partie Connoissante de l'Ame asçavoir du Sens, de la Phantaisie, & de l'Entendement, celle qui suit est l'Appetente, s'il est permis de se servir de ce terme, laquelle est excitée & dirigée par la Connoissante. On l'appelle ordinairement Appetit, quoy que le terme d'Appetit marque plutost l'action que la puissance ; mais pour ne nous arrester pas aux mots, & nous accommoder à la maniere ordinaire de parler, disons que l'Appetit est cette partie ou faculté interne par laquelle l'Ame en veüe du bien, ou du mal qu'elle connoit, est emeüe, & affectée. *Appetitus est seu pars, seu facultas, quâ Anima ex apprehenso, cognitive bono, aut malo cõmovetur, & afficitur.*

Il n'est pas necessaire de remarquer qu'on appelle Bien ce qui est convenable à la nature, ou ce qui est ami de la nature, & ce qui luy plaist, Mal ce qui luy est disconvenable, ennemy, deplaisant: Remarquons plutost que tant que nous connoissons une chose sans aucune marque de bien, ou de mal qui nous regarde, & comme par une simple apprehension, la partie Connoissante agit toute seule, & n'est point suivie de l'Appetit; mais si tost que nous connoïssons une chose avec quelque marque soit de bien, soit de mal qui nous regarde ou nous peut regarder, l'Appetit s'ensuit, & par quelque emotion temoigne qu'il est affecté à l'egard de la chose.

Car qu'on raconte, par exemple, sans rien determiner, que quelqu'un arrive, l'on tient cela pour indifferent, mais si l'on ajoûte, c'est vostre fils qui revient d'un voyage, alors l'Ame sera affectée sensiblement. Et de mesme si l'on entend simplement dire que quelqu'un a esté tué, cela aussi ne touchera pas, mais si l'on ajoûte, c'est vostre fils, alors il s'excitera dans l'Ame un trouble, & une emotion tres grande: Ce que je remarque afin que nous entendions principalement ces trois choses.

La premiere, qu'il n'y a que le bien & le mal qui soient capables d'emouvoir l'Appetit, & par consequent d'estre son Object, mais avec cette difference que l'Appetit semble comme tendre vers le bien, & comme s'eloigner, fuir, ou se retirer du mal.

La seconde, que l'Appetit est effectivement quelque chose de distinct de l'Entendement, & de la Phantaisie, en ce que l'Appetit demeure sans emotion, & n'agit point si l'un ou l'autre n'agit, & que l'un ou l'autre neanmoins peut agir sans que l'Appetit agisse ou soit emeu, ce qui arrive lorsque l'Entendement ou la Phantaisie s'occupent sur un objet different de celuy de l'Appetit.

La troisiéme, que l'Appetit differe principalement de la partie ou faculté Connoissante, en ce que la Connoissante a pour objet la verité, l'existence de la chose, ce que la chose est, ou paroit estre, &

a de l'aversion pour la fausseté dans laquelle elle peut tomber; au lieu que l'Appetit a pour objet la bonté & la convenance de la chose, ce par quoy la chose est utile & convenable, ou paroit telle, & a de l'aversion pour ce qu'elle a de mauvais & de nuisible : Pour ne dire point qu'ils different encore en ce que la fonction de la partie Connoissante demeure cóme cachée dans l'Ame, au lieu que la fonction de l'Appetit redonde sur le corps ; d'où vient que celle-là se fait avec plus de quietude, comme appartenant davantage à l'Ame, celle-cy avec plus de trouble & d'emotion, comme appartenant davantage au corps.

Pour dire cecy un peu plus au long, il faut sçavoir que Pythagore, & Platon faisoient deux parties de l'Ame, *la Raisonnable*, & *l'Irraisonnable*, & qu'ils distinguoient cette derniere en *Concupiscible*, & en *Irascible*, donnants le nom d'Appetit à ces deux dernieres & ne voulants point reconnoitre d'Appetit dans la partie Raisonnable. Cependant ce n'est pas une chose nouvelle de voir distinguer l'Appetit en Raisonnable qui soit nommé Volonté, & en Irraisonnable qui soit appellé Sensitif, & qui comprenne le Concupiscible, & l'Irascible; en sorte qu'on reconnoisse quelque sorte d'Appetit dans la partie Raisonnable.

Car quoy que la partie Raisonnable soit de sa nature simplement intelligente, ou née simplement à entendre; neanmoins comme elle ne peut pas entendre son objet, c'est à dire la verité, malgré elle, ni par consequent faire cette sienne fonction qu'avec quelque espece de plaisir & de complaisance, on ne sçauroit nier que quelques passions, telles que sont celles qu'on attribue à l'Appetit, ne luy conviennent, du moins par analogie, & qu'ainsi il n'y ait dans cette partie quelque espece d'Appetit.

Joint que comme c'est elle qui discerne & connoit le bien honneste, & qui juge qu'il est preferable cõme elle commande qu'il soit preferé, il n'est pas possible qu'elle ne l'aime, & qu'elle n'ait de l'aversion pour celuy qui luy est opposé; car autrement comment pourroit-elle le choisir preferablement à l'autre? Il semble donc qu'il y ait dans cette partie superieure quelque sorte d'Appetit auquel ces choses, & autres semblables se doivent rapporter; & c'est cette sorte d'Appetit que nous entendons d'ordinaire

V s

sous le mot de Volonté.

Or comme la partie Raisonnable (ou l'Entendement) est immaterielle, il est impossible que les Passions par lesquelles elle regarde le bien & le mal ne soient tellement pures & simples qu'à peine elles ayent rien de semblable avec celles que nous experimentons vulgairement, ou qu'elles appartiennent à un Appetit tel qu'est celuy auquel les ordinaires sont rapportées. C'est pourquoy Pytagore, Platon, & les autres semblent n'avoir denié les Passions, & l'Appetit à la partie Raisonnable, qu'afin qu'on ne s'imaginast pas qu'elle fust sujette à ces Passions vulgaires, & turbulentes, mais afin qu'on la considerast comme le sommet de l'Olympe qui jouït d'une parfaite serenité, tandis que la partie inferieure qui tient lieu de la partie Irraisonnable de l'Ame est offusquée de nuages, & agitée des Vents, des Foudres, & des Tonnerres, c'est à dire de cet amas de Passions qui troublent la serenité, & la tranquillité de nostre vie.

Et certes, c'est en ce sens que Ciceron interprete ces Philosophes lorsqu'en parlant d'eux il dit, *Ils divisent l'Esprit en deux parties dont l'une est douée, & l'au-*

tre depourveue de Raison. Dans celle qui est douée de Raison ils mettent la Tranquillité, c'est à dire une constance paisible & tranquille ; & dans cette autre les mouvemens turbulens de Colere, & de Convoitise ennemis de la Raison.

C'est aussi en ce sens que se doit prendre ce celebre Axiome des Stoïciens, que l'Esprit du Sage est exempt de Passions; car lorsqu'ils disoient, par exemple, que le Sage n'estoit point touché de compassion, ils n'entendoient autre chose sinon que le Sage n'est point troublé de la misere d'autruy, mais que paisiblement & sans emotion d'Esprit il donne l'aumône, releve le miserable qui est tombé par terre, secourt celuy qui a fait naufrage, &c. ce qui n'est visiblement autre chose qu'oster de la partie Raisonnable les Passions qui sont des troubles & des emotions d'Esprit, & y laisser neanmoins celles qui sont entierement pures, douces, & tranquilles, comme sont l'amour de l'honnesteté, le desir de faire du bien, la complaisance, &c.

Au reste, comme il est presque impossible tant que la partie Raisonnable est jointe au corps, que ces Passions simples & pures ne soient accompagnées des tur-

bulentes qui sont dans l'Appetit Sensitif, & que d'ailleurs cela ne se peut bien expliquer qu'on ne sçache premierement où est le Siege de la Volonté, & celuy de l'Entendement, nous dirons en peu de mots quelque chose du Siege de l'une & de l'autre.

Du Siege de l'Entendement, & de la Volonté

Pour ce qui regarde donc premierement la Volonté ou l'Appetit Raisonnable, il est constant qu'on ne peut, ou qu'on ne doit point luy assigner un autre Siege que celuy qu'on assigne à la Raison ou à l'Entendement, puisque c'est une faculté d'une mesme & individue substance que luy, & par consequent que nous la devons placer dans la Teste, ou dans le Cerveau, comme nous y avons placé l'Ame Raisonnable.

Il est vray que lorsque par la Volonté nous sommes portez d'affection vers Dieu, vers les choses divines, & universellement vers le bien honneste, nous experimentons qu'il s'excite aussi une certaine Passion ou affection dans la poitrine ou dans le cœur, mais cela ne fait rien ; car de mesme que l'Entendement

tant que l'Ame est dans le corps ne connoit Dieu, les choses Divines, & le bien honneste que par l'entremise des especes qui sont dans la Phantaisie, ainsi la Volonté ne se porte vers ces mesmes choses qu'avec cette emotion que les especes de la Phantaisie excitent d'elles mesmes ; de sorte que Dieu ayant bien voulu en joignant l'Ame Raisonnable avec le Corps, que la condition de l'Ame fust telle qu'elle entendit, ou conceust toutes choses, & Dieu mesme tout glorieux qu'il est d'une maniere corporelle, ou comme voilé de quelque espece corporelle, ce n'est pas merveille que la Volonté se porte par une certaine affection corporelle non seulement vers les autres choses, mais encore vers Dieu mesme, & que Dieu acause de cela vueille & commande que l'homme l'aime non seulement de tout son Entendement, & de toute son Ame, mais encore de tout son Cœur, & de toutes ses forces ; comme si l'Entendement, ou l'Ame devoit veritablement aimer, mais qu'elle ne peust neanmoins exprimer son amour que par le cœur, & par les forces corporelles.

Quant à ce qui regarde ensuite l'Appetit Irraisonnable, on a veritablement accoûtumé de le mettre au deſſous du Cerveau, ou hors de la Teſte; mais neanmoins tous les Philoſophes ne conviennent pas de l'endroit particulier où il reſide. Car on ſçait comme Platon ſuppoſant cette diviſion de l'Appetit en Côcupiſcible, & en Iraſcible, a mis apres Pytagore l'Iraſcible dans la poitrine, ou entre le Col & le Diaphragme, dans l'endroit où eſt le cœur & le poûmon, le Concupiſcible dans le bas ventre entre le diaphragme & le nombril, dans la region où eſt le foye, la rate, l'eſtomac, & les reins : Comme s'il euſt voulu que l'homme eſtant une eſpece de Temple, la partie divine de ſon Ame fuſt dans la partie ſuperieure du Corps, comme dans un lieu eminent & ſacré, de peur d'eſtre ſoüillé par la partie mortelle, & que la partie mortelle fuſt tellement ſeparée de la divine qu'elle occupaſt deux regions, dont l'une fuſt deſtinée à l'Iraſcible, l'autre à la Concupiſcible; en ſorte que l'Iraſcible fuſt ſituée plus haut & plus proche de la Raiſon, & que la Concupiſcible qui ne reſpire qu'apres le boire & le manger, & les autres choſes dont le Corps a beſoin, fuſt ſituée plus bas, & plus loin de la Raiſon.

Pour ce qui est des autres, Julius Pollux dit qu'il est evident que le Cœur est le siege de la Colere, & le Foye le siege de la Cupidité. Cependant Aristote nie que la Concupiscible soit dans le Foye, & il les attribue toutes deux au Cœur, comme estant le principe de la joye, de la tristesse, & universellement de tout sentiment : Et Aphrodisée prouve la chose de ce que l'Imagination estât supposée dans le Cœur, il faut que la Colere, & la Cupidité y soient placées. Les Stoïciens ont esté de l'Opinion d'Aristote, & nommement Crysippe, qui dit que l'Appetit de Colere, & de Cupidité, avec la Raison mesme sont dans le Cœur. Enfin Epicure a mis l'Appetit dans le Cœur, ou dans la region de la poitrine, l'etendant neanmoins comme par une espece de propagation aux autres parties dans lesquelles il s'excite d'autres passions ; car selon le rapport de Plutarque, il vouloit *que les passions & les sentimens s'excitassent dans les lieux mesmes qui sont touchez & affectez.*

Mais sans nous arrester à ces Opinions, il me semble, pour dire en un mot, qu'il faut en cecy user de distinction. Car ou l'Appetit est meu par la senle Imagination, ou c'est par un contact sensible qui precede dans le corps; or l'Appetit qui est meu par la seule imagination semble avoir son siege dans la poitrine, ou dans le cœur mesme, mais celuy qui est meu par un sensible contact qui precede semble estre placé dans la partie qui est touchée, & qui est ou bien, ou mal affectée.

En effet, toutes les fois que le bien, ou le mal est absent, qu'il est passé, par exemple, ou à venir, & qu'ainsi l'Ame ne peut estre affectée par sa presence, mais seulement par l'imagination qu'il ait esté, ou qu'il doive estre ensuite; l'on ne sçauroit, ce semble, douter que l'Appetit ne soit emeu & excité dans la poitrine, puisque nous experimentons qu'il se fait là une espece de diffusion, ou de dilatation par l'imagination du bien, & une espece de contraction ou resserrement par l'imagination du mal.

Heic exsultat enim pavor; heic metus, heic loca circum
Lætitia mulcent ⸺

Cecy se voit clairement dans vn exemple. Lorsque nous-nous congratulons, pour ainsi dire, nous mesmes par le souvenir d'une action loüable & vertueuse, la poitrine semble comme tressaillir interieurement en nous ; & au contraire lorsque nous-nous deplaisons à nous mesmes acause d'une action deshonneste & infame dont nous-nous souvenons, la poitrine est comme resserrée & opprimée par le repentir.

De mesme quand nous esperons, ou desirons une chose acause de l'opinion que nous avons conceüe que c'est un bien, la poitrine semble s'elever, & se porter vers elle, comme lorsque nous la craignons, ou que nous l'avons en aversion, acause de l'opinion que nous avons que c'est un mal, la poitrine semble comme fuir & se retirer en elle-mesme.

D'ailleurs, toutes les fois qu'un bien, ou un mal nous est de telle maniere present, que l'imagination connoit en mesme temps la cause qui fait qu'il est present, l'Appetit semble aussi estre de telle maniere excité dans la poitrine, que nous y experimentons de l'emotion, soit afin que par une certaine dilatation elle embrasse la cause du bien, qu'elle l'absorbe, pour ainsi dire, en elle mesme, & qu'elle en puisse ainsi joüir plus longtemps, & plus seurement, soit afin qu'en se fortifiant elle mesme contre la cause du mal, elle la chasse bien loin, elle la perde, & puisse ainsi plutost, & plus seurement estre privée du mal.

En effect, lors, par exemple, que nous-nous entendons loüer par quelqu'un, nous l'embrassons d'amour, & nous-nous l'attachons, pour ainsi dire, afin que la loüange qui vient de luy dure plus constamment ; & lorsque nous-nous entendons blasmer par quelqu'un, nous-nous irritons contre luy, afin que le repoussant, & le maltraitant nous effacions le blasme par la vengeance, & empeschions qu'il ne soit reïteré, ou augmenté.

Mais lorsque le bien, ou le mal est senty dans le corps par un contact commode, ou incommode, & que l'Ame est effectivement affectée par sa presence, l'Appetit semble estre emeu dans la partie qui est affectée, & par consequent y resider ; veu que c'est là que nous sentons premierement ce qui incommode, ou ce qui est commode.

Ce n'est pas certes selon ce que nous avons dit ailleurs, que la perception de l'emotion (ou entant que c'est une espece de sentiment) ne se fasse ou ne s'accomplisse dans le Cerveau, ou dans la faculté imaginante, acause de la continuation

DE L'APPETIT. 475
des nerfs, & du rebondissement des esprits; mais parceque ce qui fait que l'emotion est commode, ou incommode, & qu'ainsi le sentiment ou l'action de sentir est agreable, ou desagreable, cela est situé dans la partie mesme qui est pour cette raison ou flatée, ou irritée, & qui est par consequent comme chatoüillé par le contact commode, ou affecte & desire, pour ainsi dire, d'estre delivrée de l'incommode.

Ce n'est pas aussi que les emotions qui sont faites dans les parties ne puissent pareillement redonder à la poitrine, mais c'est que cela se fait par l'entremise d'une autre imagination qui survient; comme, par exemple, que ce commode, ou cet incommode est grand, ou petit, qu'il doit longtemps, ou peu durer, qu'il est arrivé ou par nos soins, ou par nostre faute, que tels biens, ou tels maux doivent suivre de là, &c. ensorte que l'emotion qui redonde dans la poitrine est causée par cette sorte d'imagination seulement; mais celle qui est dans la partie depend de la cause qui effectivement agit ou commodement, ou incommodement.

Ce n'est pas enfin que ces emotions du premier genre que nous avons dit estre de la seule imagination, n'ayent quelque contact precedent, en ce que la Vision, & l'Ouye sont des attouchemens, acause des images & des sons qui viennent, & qui frappent les Sens; mais c'est que si dans ce premier genre il n'intervenoit point d'imagination, ni la cause du bien, ni la cause du mal ne feroient rien; au lieu que dans ce second genre, cette imagination survenante mise à part, la cause du bien, & la cause du mal affectent effectivement. D'ou vient que c'est à ce dernier genre qu'appartiennent les Passions qui ne peuvent estre detournées l'objet estant present ; eu ce que ni les saveurs, ni les odeurs, ni les sens, ni les images ne peuvent ne faire pas une douce motion dans l'organe, s'ils sont convenables, ou une desagreable, s'ils sont disconvenables.

C'est icy que quelques-uns ont voulu dire que nostre Autheur sembloit se contredire, en ce qu'il dit, qu'entant que l'emotion ou le contact est commode, ou incommode, & que l'action de sentir *Sensio* est par consequent agreable, ou desagreable, cela est situé dans la partie qui est flattée & chatoüillée par le contact commode, & qui affecte d'estre delivrée de l'incommode.

Mais ils ne prenent peuteftre pas garde, qu'encore qu'il faffe refider la faculté fenfitive generalement prife, ou celle qui veille côme une garde vigilante à la confervation generale de toute la machine, & de toutes fes parties, encore, dis-je, qu'il faffe refider cette faculté primitivement ou originairement dans le Cerveau, il n'exclut neanmoins pas abfolument la fpeciale, & n'en prive abfolument pas les parties. Car fi l'on voit d'un cofté que ceux qui font fort attentifs à une chofe, ne voyent pas les objects qui font devant leurs yeux, quoy qu'ils en reçoivent les efpeces ; que les Lethargiques, ou les Apopleƈtiques ne fentent point les picqures qu'on leur fait; & que les Eftropiez fentent encore de la douleur comme dans la jambe qui aura efté coupée, ou comme dans les doigts du pied où aura efté la bleffure, ce que l'on pourroit prendre pour des marques que la faculté fenfitive ne refideroit pas dans les parties affeƈtées, mais dans le Cerveau feul où eft l'origine des nerfs: L'on a auffi d'un autre cofté l'Experience qui femble nous crier non feulement que la faculté fent du Cerveau où elle est dans le pied où elle n'est pas, ce qui m'a toujours semblé tres difficile à concevoir, mais qu'elle reside mesme dans le pied, ou que la douleur est sentie dans le pied par une faculté qui est dans le pied mesme, d'autant plus que la douleur selon Platon est elle mesme un sentiment, *dolor sensus quidam tristis est*, & qu'il est, ce semble, ridicule de dire qu'une faculté sente un sentiment.

D'ailleurs, comme il admet une espece d'Ame & de perception, ou de connoissance, & de sentiment dans les parties des Insectes coupez, dans l'Ayman, dans les Pierres precieuses, dans les Plantes ; il admet aussi que le pied, par exemple, estant animé, sent effectivement ou de la douleur, ou du plaisir selon que le contact est ou commode, ou incommode, doux, ou rude, agreable, ou desagreable.

Pour ce qui est des Apoplectiques il est aisé de repondre qu'encore que la substance de l'Ame soit dans les parties que l'on picque, ou que l'on brusle, elle n'y est neanmoins plus alors dans cette tension continüe, activité & mobilité qui est absolument necessaire pour qu'elle agisse & qu'elle sente ; acause que

DE L'APPETIT. 479

les nerfs par où les esprits devroient estre portez, sont humectez, lasches, & affaissez, ou bouchez.

Et à l'egard de ceux à qui l'on a coupé la jambe, & qui sentent encore de la douleur comme dans la jambe, il est aussi aisé de dire que ce n'est que par une espece d'accoûtumance, & de reminiscence, & en ce qu'apres l'extirpation de la partie les esprits coulants encore le long des mesmes nerfs, & rebondissants encore au Cerveau à peu pres de la mesme maniere qu'ils faisoient auparavant, ils y excitent à peu pres une semblable imagination, & font souvenir de la mesme douleur : Ie dis souvenir, car il n'est point vray que les Estropiez sentent la mesme douleur qu'ils faisoient ; j'en ay consulté plusieurs qui en demeurent d'accord ; ils sont bientost desabusez, à moins qu'ils n'ayent l'imagination gastée, & la douleur qu'ils sentent est bien differente de celle qu'ils sentoient avant l'extirpation.

Et certes, l'on accordera volontiers que la faculté sensitive qui est dãs le cerveau soit avertie par la continuatiõ des nerfs, & des esprits de la solution de cõtinuité qui s'est faite dans le pied, qu'elle la sente si vous voulez, ou la connoisse, qu'elle sente, ou connoisse qu'il y a de la douleur dans le pied, & qu'elle en conçoive de la tristesse, & de l'inquietude, comme se voyant par là menacée de sa propre ruine; mais de dire que la douleur ne soit pas dans le pied, ou qu'elle ne soit pas sentie dans le pied, & par quelque chose qui soit interieurement dans le pied ; c'est à mon avis ce qui repugne non seulement à la notion commune, & à l'experience qni semble nous crier, comme nous disions plus haut, que le pied sent la douleur, ou que la douleur est, & est sentie dans le pied, mais aussi à la raison qui nous dicte que l'Ame sensitive estant repanduë par tout, elle doit sentir par tout. Mais voyez ce que nous avons dit sur ce sujet en parlant de la faculté motrice des Animaux.

Ce qui pourroit peuteftre icy faire quelque difficulté, c'est de concevoir comment il soit possible que la Phantaisie, ou l'Imagination agisse sur l'Appetit qui est eloigné d'elle & de siege & de lieu. Mais pour ce qui est premierement des emotions que l'on experimente dans la poitrine, comme il a esté prouvé que les nerfs qui sortent du Cerveau, & qui sont

gonflez

gonflez d'esprits sont les instrumens de tout sentiment, & de toute motion dans le corps; il est visible que les emotions qui sont excitées dans la poitrine se doivent faire par l'entremise des esprits, dont le nerf qui s'etend du Cerveau au Cœur soit remply & gonflé.

Il faut neanmoins pour cela supposer qu'il en est des esprits qui courent & roulent ça & là par le Cerveau, comme des qualitez sensibles, par exemple du Son, de l'Odeur, & des autres; je veux dire que de mesme que les qualitez sensibles meuvent leurs organes propres, & non pas les etrangers (car ni le Son, par exemple, qui parvient egalement aux yeux, au nez, & aux oreilles ne se fait pas sentir aux yeux, & au nez comme aux oreilles, ni l'Odeur qui parvient egalement aux joües, à la langue, & aux narines n'affecte pas les joües, ni la langue de la mesme maniere qu'elle affecte les narines, & ce faute de commensurabilité ou proportion) ainsi les esprits qui roulent dans le Cerveau, & qui sont comme modifiez par les vestiges ou especes qui causent l'Imagination, n'entrent pas egalement dans tous les nerfs, & n'y excitent pas vne semblable motion; parce qu'ils ne s'accommodent pas, ou ne sont pas égalememt commensurez & proportionnez à tous.

Il faut, dis-je, faire cette supposition; car nous entendons de là que les esprits ayant esté modifiez par quelque espece, ou imagination, peuvent n'affecter pas également tous les nerfs, mais seulement ceux qui specialement tendent & parviennent à la partie qui doit specialement sentir ce qui est commode, ou incommode, ou generalement ceux qui tendent au Cœur, tel qu'est ce noble & remarquable pair de la sixiesme coniugaison. Ie dis generalement au Cœur comme au principe de la vie, & à la machine dominante, qui a, pour ainsi dire, interest de conserver tout le corps, & chacune de ses parties, & qui doit pour cette raison pressentir tout ce qui leur arrive de bien, ou de mal. C'est pourquoy on ne doit point s'etonner si de mesme que la Phantaisie qui reside dans le Cerveau meut par l'entremise des esprits, & des nerfs les extremitez des nerfs, & des pieds qui sont si eloignées d'elle, l'on ne doit point, dis-je, s'etonner que par le mesme moyen elle puisse exciter de l'emotion dans la poitrine, &

DE L'APPETIT. 483

dans le Cœur, dont la region eſt non ſeulement plus proche, mais encore plus commode.

Or il en eſt des autres motions qui ſe font dans les autres parties par l'entremiſe de l'Imagination, comme de celles qui ſe font dans le Cœur. Car lors qu'ayant veu, par exemple, quelque viande delicate, & bien aſſaiſonnée, il s'excite dans le fond de la gorge un certain mouvement de convoitiſe pour cette viande, & que la langue & le palais ſe trouvant humectez de ſalive on la mange pour ainſi dire, par avance ; pourquoy croirions-nous bien que cela arrive, ſi ce n'eſt parceque l'eſpece de cette viande s'eſtant formée dans le Cerveau, les eſprits modifiez par cette eſpece n'entrent pas dans les autres nerfs avec leſquels ils n'ont point de proportion, mais ſeulement dans ceux du gouſt avec leſquels ils en ont, faiſant continuer la motion iuſques à la gorge, à la langue, & au palais ? Ce qui ſe doit dire à proportion lors qu'ayant veu quelque obiect aimable, vne beauté ſurprenante, &c. il s'excite un prurit, & un mouvement dans les parties, & ainſi des autres.

Ce qu'il faut icy diligemment remarquer est, que non seulement les parties sont meües par les esprits que la Phantaisie pousse vers elles, mais que la Phantaisie mesme est meüe par ces mesmes esprits que les parties luy repoussent, ce qui cause une nouvelle imagination, & qui amplifie & fortifie la precedéte, d'ou il s'ensuit derechef dans les parties une plus grande emotion, de là une nouvelle imagination, puis une nouvelle emotion, & ainsi toujours de plus en plus, jusques à ce qu'il survienne d'autres imaginations qui detournent ailleurs la Phantaisie, & que l'emotion se calme sinon tout d'un coup, du moins avec le temps, & par la diversion frequente & reïterée de l'imagination à d'autres objects : Car la playe, dit Lucrece en parlant specialement de l'Amour, devient plus vive avec le temps, & en l'entretenant.

Vlcus enim vivicsit, & inueterascit alendo,
Quod Cupido affixū cordi vivicsit vt ignis.

Aussi arrive-t'il souvent que l'Appetit emporte l'Entendement ou la Raison, & la Volonté, & qu'il triomphe luy seul; entant qu'une emotion excitée dās l'Appetit fait un repoussement d'esprits dans le Cerveau qui fortifie l'Imagination, de telle maniere que cette imagination estant comme la maistresse dans la Phantaisie, elle detruit les autres imaginations, offusque ou eteint la lumiere de le Raison, & rend ainsi la fonction de la Volonté foible & imbecille, & comme nulle. Et c'est pour cela que la Raison doit pourvoir à ce qu'il ne se rencontre quelque occasion qui puisse exciter vne emotion, ou s'il s'en est excité quelqu'une, elle la doit supprimer de bonne heure, de crainte qu'elle ne s'augmente toujours de plus en plus, & qu'il ne soit plus temps d'y apporter remede. L'on sçait ce qu'en disent les Poëtes.

Principiis obsta; serò Medicina paratur;
   Cùm mala per longas inualuere moras
   —— *Frustra retinacula tendens*
Fertur equis Auriga, neque audit currus habenas.

CHAPITRE II.
Des Affections ou Passions de l'Ame en general.

LEs emotions de l'Appetit sont vulgairement appellées des Passions à cause du mot Grec πάθος; mais cependant Ciceron, les Stoïciens, & Quintilian ont autrement interpreté ce mot. *Ce que les Grecs appellent πάθος*, dit Ciceron, *je pourrois en interpretant le nom l'appeller Maladie comme les Stoïciens, mais cela ne conviendroit pas à tout. Car qui est-ce qui a coûtume de nommer la Misericorde, & mesme la Colere des maladies? Ce qu'ils appellent donc πάθος appellons-le Trouble Perturbatio.* D'un autre costé Quintilian dit que le mot de πάθος est mieux interpreté par celuy d'*Affection*, *Græci πάθος vocant quod nos rectè vertentes ac propriè Affectum dicimus.* Cette derniere interpretation nous sembleroit la plus propre, & nous-nous servirons volontiers du mot d'Affection, *à parte affecta*; neanmoins pour nous accommoder à la maniere ordinaire de parler nous-nous servirons le plus souvent du mot de Passion, quoy que rien n'empesche qu'on ne se serve aussi de celuy de Trouble avec Ciceron.

Disons donc sans estre trop scrupuleux sur les mots, qu'il est constant de ce qui a esté dit jusques icy, qu'Affection ou Passion n'est autre chose qu'une emotion ou agitation de l'Ame dans la poitrine, ou dans quelque autre partie du corps excitée par l'Opinion du bien, ou du mal, ou par le Sentiment. *Affectus est commotio Animæ in pectore, partéve alia ex boni, vel mali Opinione, aut Sensu excitata.* Nous disons que c'est *une emotion*, ou *agitation* pour faire voir la difference qu'il y a entre l'action de la Volonté, & l'action de l'Appetit. Car celle-là estant incorporelle, elle est paisible & tranquille, & se fait sans qu'il s'excite aucune emotion dans le corps, au lieu que celle-cy estant corporelle, elle ne se peut faire que le corps ne soit emeu conjointement avec l'Ame. Nous disons *dans la poitrine, ou dans quelque autre partie*, pour y comprendre non seulement ces Affections ou Passions qui sont des emotions sensibles dans la poitrine, mais encore celles qui se sentent dans les parties affectées. Nous disons aussi *par l'Opinion du bien ou du mal*, pour marquer la vraye cause des passions, & principalement de celles qui s'excitent dans la poitrine. Enfin nous ajoûtons *ou par le Sens*, a cause des passions qui naissent plutost du sentiment que de l'opinion.

Il est vray que Zenon definit πάθος, une emotion de l'Esprit contraire à la raison, & à la nature, πάθος, dit-il, *est aversa à ratione contra naturam Animi commotio* ; mais nous prenons la chose plus generalement, & sans considerer que cette agitation ou emotion soit ou ne soit pas contraire a la raison, & contre nature, parceque cela regarde la Morale. De mesme quand Ciceron dit que quelques-uns definissent en deux mots la Passion *un Appetit trop vehement*, il est evident que l'on ne s'arreste pas icy à considerer si l'Appetit est trop vehement, c'est à dire vicieux, ou trop leger, c'est à dire non-vicieux, parceque cela regarde aussi la Morale.

L'on sçait d'ailleurs qu'Epicure fait consister l'essence de la Passion ou Affection dans les Abbatemens & Elevemens, dans les Resserremens, & dans les Effusions ou Dilatations & Epanchemens de l'Ame, *in Demissionibus, & Elationibus, in Contractionibus, & Effusionibus*, ajoûtant que la Fascherie ou l'Affection fascheuse *molestia*, & la Volupté ou le plaisir, qui sont les deux Genres souverains des Passions, se rapportent à ces divers mouvemens, & que la Volupté, qui est *l'Affection conforme à la Nature*, est un certain elevement, ou une certaine effusion & dilatation de l'Ame, comme la Fascherie, qui est *l'Affection contraire à la Nature*, est un certain abbattement ou resserrement; parceque, dit-il, la Volupté estant dans la joüissance du bien, la Fascherie ou l'Affection fascheuse dans la soufrance du mal, ce n'est pas merveille que l'Ame se dilate tant qu'elle peut pour donner entrée au bien & le recevoir en soy, & qu'elle se resserre pour ne donner pas entrée au mal.

Or selon luy la Diffusion ou Dilatation se fait, parceque d'abord que l'espece de la chose agreable, qui est ce que l'on appelle Bien, a frappé le Sens, les corpuscules dont elle est formée entrent de telle maniere dans l'Organe, ou dans le Cœur mesme, qu'estant accommodez à la contexture tant de l'Ame que du Corps, ils adoucissent ou flatent particulierement l'Ame, l'affectent agreablement, & l'attirent comme de petites chaines vers la chose d'ou elles ont esté envoyées; de sorte que l'Ame estant tournée, & tendüe vers elle, saillit & bondit, pour ainsi dire, de toute sa force pour en joüir. Au contraire le Resserrement se fait, parceque sitost que l'espece de la chose fascheuse, qui est aussi ce qui s'appelle Mal, a frappé le Sens, les corpufcules dont elle eft compofée picquent comme autant de petis dards, ou percent de telle maniere l'Ame avec l'Organe, qu'ils rompent fa contexture, de forte que pour les eviter, elle fe refferre en elle-mefme, & fuit vers fon centre, ou vers fa racine qui eft le Cœur.

J'ay dit *felon Epicure*, parceque s'il eft plus probable que la Phantaifie foit dans le Cerveau, & que ce foit dans cette partie que s'imprime l'efpece de la chofe agreable, ou fafcheufe, & où l'imagination de la chofe fe fait; il femble auffi plus probable que le refte fe fafle par l'entremife des efprits qui paffent du Cerveau au Cœur, ou à une autre partie, & que c'eft par ce moyen que fe font les effufions, les refferremens, les elevemens, & les abbatemens. Or c'eft la mefme chofe, de quelqu'une des deux manieres qu'on croye que cela fe fafle; parcequ'il fuffit que l'Ame, ou l'Appetit qui refide dans la poitrine, ou dans une autre partie du corps, foit frappée par l'efpece de la chofe agreable, ou fafcheufe (foit que cela fe fafle immediatement par elle, foit par l'entremife des efprits) pour qu'elle foit tournée vers la chofe

DE L'APPETIT. 491

agreable, & que pour en joüir elle saillisse ou bondisse pour ainsi dire, vers elle, & y entraine le corps, ou pour qu'elle soit detournée de la chose fascheuse, & que pour l'eviter elle s'en retire en elle-mesme, & en retire le corps. Or je dis que non seulement l'Ame se porte, s'avance, ou se retire, mais qu'elle entraine mesme, ou retire le corps, parceque ces mouvemens se font afin de se joindre au bien, & de s'eloigner du mal. Mais nous dirons ensuite de quelle maniere l'Ame meut le Corps de sa place, & nous-nous servirons cependant de cette belle comparaison qui regarde la motion & l'agitation dans laquelle consiste l'essence de la Passion, & nous comparerons l'Ame lorsqu'elle est sans Passion, ou qu'elle n'est point emeue & agitée, avec l'eau paisible, & tranquille d'un Etang, & quand elle est agitée par l'impulsion des esprits que l'imagination d'une chose agreable, ou d'une chose fascheuse excite & remüe, nous la comparerons avec la mesme eau lorsqu'elle est poussée par la chute & l'impression d'une pierre qui tombe dedans.

Car de mesme que l'eau se trouve agitée par le mouvement des cercles qui naissent continuellement, & qui s'engendrent successivement les uns les autres par une espece de propagation; ainsi l'Ame se trouve agitée par les mouvemens qui se suivent les uns les autres comme des ondes & des flots. Et de mesme que l'eau ne peut estre libre de cette agitation circulaire à moins que par la suite du temps on laisse diminuer peu à peu les petis cercles, ensorte qu'ils s'abattent enfin toutafait, & deviennent à rien, ou à moins qu'on ne jette d'autres pierres par le moyen desquelles il se forme d'autres cercles qui empeschent les premiers, qui les detournent & les rompent; ainsi l'Ame emeue par une passion, ne peut point estre quitte & delivrée de cette emotion, si ce n'est ou qu'on la laisse peu à peu & avec le temps se diminuer, & s'abbatre, ou qu'il survienne d'autres Passions qui interrompent la premiere, & en detournent l'Ame. Et enfin, de mesme que les petis cercles formez par la chute d'une grosse pierre ne laissent pas de se continuer nonobstant les chutes de diverses petites pierres, & que ceux qui sont formez par la chute d'une petite pierre sont incontinent effacez par ceux que la chute d'une grosse

DE L'APPETIT. 493

pierre forme ; ainsi l'emotion de l'Ame excitée par quelque grande Passion ne laisse pas de continuer nonobstant les petites Passions qui surviennent, au lieu qu'une emotion excitée par une Passion legere cede incontinent à celle qui est excitée par une Passion forte & violente qui survient.

Division, Distinction, & Fondement general des Passions.

COmme nous devons apres cecy traiter des Passions en particulier, il seroit à souhaiter qu'on en eust fait une distinction exacte, & un juste denombrement: Cependant c'est une chose merveilleuse de voir en combien de manieres differentes on les a distinguées, & les divers denombremens qu'on en a fait. Car les uns en font onze Genres differens, dont il y en a six qu'ils rapportent à l'Appetit Concupiscible, à sçavoir *la Volupté*, *& la Douleur* qui regardent le temps present, *la Cupidité*, *& la Fuite* qui regardent l'avenir, *l'Amour*, *& la Haine* qui regardent l'un & l'autre; les cinq qu'ils rapportent à l'Appetit Irascible estant selon eux *la Colere*, *l'Audace*, *la Crainte*, *l'Esperance*, *le Desespoir*:

Les autres, comme les Stoïciens, en ont fait quatre Genres principaux *la Volupté, la Douleur, la Cupidité, & la Crainte*, mettants sous chacun de ces Genres plusieurs especes, par exemple, sous la Volupté *la Malveillance* ou la joye qu'on a du mal d'autruy sans qu'il en vienne aucun emolument, *la Delectation*, &c. Sous la Douleur en general qu'ils appellent en Latin *Ægritudo*, ou *Molestia*, *l'Envie*, *l'Emulation*, *la Medisance*, *la Misericorde*, *l'Angoisse*, *le Gemissement*, *la Tristesse*, *l'Affliction*, *le Chagrin*, *la Douleur*, *la Doleance*, *le Soucy*, *la Fascherie*, *l'Ennuy*, *l'Agitation*, *le Tourment*, *le Desespoir*, &c. Sous la Cupidité ou Convoitise *la Colere Excandescentia*, *la Haine*, *l'Inimitié*, *la Discorde*, *l'Indigence*, *le Desir*, &c. Sous la Crainte *la Paresse*, *la Pudeur*, *la Terreur*, *la Crainte*, *l'Etonnement*, *l'Effroy*, *le Trouble*, *l'Apprehension* : Mais ce denombrement est defectueux en ce que plusieurs de ces Passions sont presque Synonimes, & que plusieurs n'y sont pas comprises, comme *l'Amour*, *la Hardiesse*, & quelques autres.

Pour ce qui est d'Aristote, il n'affecte aucune division, mais il en a seulement fait le denombrement de quelques-unes selon l'occurence.

Il y en a d'autres, comme l'Illustre Mr. de la Chambre, qui de ces onze premieres diversement meslées ensemble en font plusieurs autres, comme *la Pudeur, l'Impudence, la Compassion, l'Indignation, l'Envie, l'Emulation, la Ialousie, le Repentir, l'Admiration.*

Quant à nous, comme il paroit presque impossible de reduire parfaitement la chose en ordre, nous croions en avoir usé assez judicieusement que d'avoir mis l'Appetit en partie dans le Cœur ou dans la poitrine, & en partie dans les parties affectées; car par ce moyen l'on peut d'abord eviter la confusion ordinaire qui se trouve dans les divers Autheurs, & distinguer deux Genres de passions, dont les unes regardent davantage l'Esprit, & soient placées dans la poitrine, les autres regardent davantage le corps, & soient placées dans les parties affectées; ce que nous ferons d'autant plus volontiers que c'est ainsi qu'en a usé Platon, à l'imitation duquel nous traiterons premierement de celles qui sont dans les parties affectées, nous reservant à traiter ensuite de celles qui sont situées dans la poitrine.

Nous avons deja dit que l'Appetit est esmeu dans la partie affectée acause du contact sensible d'une chose ou commode, ou incommode. Et parce qu'il n'y a aucune partie sensible du corps qui ne puisse estre touchée, & affectée par quelque chose de commode, ou d'incommode, nous tenons que cette espece d'Appetit est diffus par tout le corps. C'est pourquoy il semble selon Platon que dans chaque partie du corps il s'engendre deux certaines Passions primitives, *la Volupté* par la chose accommodante, & *la Douleur Molestia* par celle qui incommode; & mesme que chaque Sens estant une espece de Tact, les Passions soit de plaisir, soit de douleur s'engendrent dans les organes de la Veüe, de l'Ouye, de l'Odorat, & du Goust, de la mesme & generale maniere que dans les autres parties qui sont les organes du Tact specialement dit.

Nous avons aussi insinué que la raison generale de sentir la douleur consistant en ce que le Corps, ou quelqu'une de ses parties soit tirée de sa constitution naturelle soit par le fer, soit par un caustique, soit par un sang extravasé, ou autrement, la raison generale de sentir le plaisir consiste dans le retablissement du corps, ou de sa partie dans sa constitution naturelle ; ce qui se fait lorsque les parties tiraillées en quelque façon, ecartées & separées les unes des autres se rejoignent, & reprenent la situation qui leur est naturelle, & par consequent commode, la cause qui faisoit ce tiraillement, & cette interruption de continuité estant ostée : D'ou il s'ensuit que le Plaisir n'est point sans quelque Douleur anterieure, en ce que s'il ne s'estoit fait aucune solution de continuité, & qu'aucune partie n'eust esté tirée de son estat naturel, il ne se feroit aucun retablissement dans cet estat naturel.

Il est vray que Platon accordant cela dans les Sens du Goust & du Tact, semble ne l'admettre pas toutafait de mesme dans la Veüe, dans l'Ouye, & dans l'Odorat ; comme si la douceur de quelque couleur, de quelque son, & de quelque odeur fust capable de se faire sentir, encore qu'il n'eust precedé aucune douleur dans leurs organes : Mais Aristote tient le contraire, & declare que si cela nous paroit ainsi dans ces Sens, ce n'est qu'acause de l'accoûtumance qui fait que nous ne sentons pas qu'ils souffrent;

car de voir mesme, & d'entendre, dit-il, c'est une chose penible, mais nous y sommes de long-temps accoûtumez.

Remarquez cependant que lorsque j'ay dit que le Plaisir, & la Douleur sont les Passions primitives ou principales, & qui se peuvent à toute heure observer dans les parties affectées, cela suppose qu'elles sont comme extremes, & qu'estant extremes il y en a une certaine entre d'eux que nous pouvons dire estre *la Cupidité* ou le Desir. Et defait, parceque la suite des Passions commence de la Douleur, & qu'ainsi l'estat dans lequel l'Animal est exempt de Passions, paisible, & tranquille, s'appelle Indolence ; pour cette raison sitost que quelque douleur qui survient à une partie trouble cet estat, il naist dans la mesme partie une Cupidité, ou si vous aymez mieux, un desir & une envie d'estre exempte de douleur, & par consequent d'estre retablie dans son premier estat, pour retourner à l'Indolence.

Remarquez deplus qu'encore que ce desir soit dans chaque partie du corps, il paroit neanmoins principalement dans les parties qui sont travaillées acause du defaut d'aliment, ou gonflées, &

chatoüillées par l'abondance de la Semence; ce qui nous fait voir que la Nature a principalement voulu donner cette double Cupidité, entant que l'un & l'autre ne tend simplement pas à la santé, & à l'integrité d'une seule, & unique partie, mais le premier à la conservation de tout l'Individu, & le second à la conservation de toute l'Espece.

Il est vray que la Nature a bien voulu de telle maniere satisfaire à cette Cupidité, qu'elle a assaisonné de plaisir l'exemption de douleur, mais comme l'exemption de douleur estoit la fin principale, le plaisir n'estant qu'un simple Adjoint que la Nature a accordé afin que l'Animal se disposast plus viste & plus gayement à l'exemption, ce qui est visible en ce que l'exemption estant faite, le plaisir s'evanoüit, & l'Indolence demeure.

Ce n'est pas certes que les Animaux ne se souviennent du plaisir quand ils en ont une fois gousté, qu'ils n'en desirent passionnement un semblable à celuy qu'ils ont experimenté, & qu'ils ne se le proposent mesme comme leur unique fin; mais parce qu'icy le plaisir s'excite comme de luy-mesme & naturellement,

& qu'afin qu'il soit excité il n'est besoin ni de memoire, ni d'opinion, ni de raisonnement, mais de la seule presence de la douleur, ou du seul sentiment de la douleur: D'ou vient que ce desir est comme aveugle, en ce que n'estant pas formé par aucune connoissance ou opinion precedente, il ne regarde point au loin ou à l'avenir, mais seulement à eloigner ce qui est present & incommode.

Il y a donc trois principales Passions ausquelles les parties sont sujettes, asçavoir *la Douleur, la Cupidité* ou le Desir, & *le Plaisir*, qui ne demandent ni Opinion, ni jugement, & qui sont senties par les Brutes mesmes, & par les Enfans mesmes dés qu'ils sont nez; car premierement ils sentent de la douleur, acause des atteintes du froid qui les environne, d'ou vient qu'ils desirent d'estre echauffez, & que lors qu'on les couvre & qu'on les echauffe, ils ont du plaisir; puis ils ont faim, desirent l'aliment, & succent le lait avec beaucoup de plaisir. Et voila pour ce qui regarde les Passions qui sont principalement du Corps.

Quant à celles qui semblent estre principalement de l'Esprit en ce qu'elles ne sont point excitées sans l'enttremise de

DE L'APPETIT. 501

quelque Opinion, ou sans que quelque jugement de l'Esprit ait precedé; nous avons dit qu'elles s'excitent dans la poitrine, & dans le Cœur mesme par l'entremise des esprits qui sont modifiez par l'opinion du bien ou du mal, & que le Cœur les sent diversement selon la diversité des opinions aussi bien que les autres parties que nous voyons aussi estre meües & excitées selon que le porte opinion.

Il y a neanmoins cette difference entre le mouvement du Cœur, & celuy des autres parties, que l'Opinion prescrit & commande le mouvement des parties, d'ou vient qu'il est censé volontaire, & commandé, au lieu que celuy du cœur n'est ni prescrit, ni commandé par l'opinion, mais il est de soy-mesme naturellement excité par la simple presence de l'opinion; de mesme que l'inflammation dans du bois verd a besoin de l'excitation des soufflets, mais dans des allumettes bien seches elle se fait d'elle mesme en un moment, & à la simple approche du feu. Aussi est-ce pour cela qu'on dit d'ordinaire que les premiers mouvemens ne sont pas en nostre pouvoir: Car si ceux qui viennent en suite sont dans noſtre puiſſance, cela vient de ce que ce n'eſt plus une ſimple & nüe opinion, mais qu'avec l'opinion le liberal-arbitre, & le commandement peut intervenir.

Au reſte ſi le ſentiment de l'Opinion, & le mouvement s'excitent avec tant de viteſſe dans le Cœur, cela vient de ſa tiſſure & condition particuliere. Car de meſme que la langue ſelon ſa contexture & ſa condition ou diſpoſition naturelle eſt non ſeulement deſtinée à ſubir les mouvemens pour exprimer toutes les voix, mais auſſi à eſtre meüe par les ſaveurs de tous les alimens, afin que ſelon que ces ſaveurs l'affecteront elle prenne ou refuſe les alimens pour la ſanté du corps; ainſi le Cœur eſt deſtiné non ſeulement à eſtre par ſa Syſtole, & Diaſtole continuelle la cauſe primitive, & le principe de tous les mouvemens qui ſe font dans le corps, mais auſſi à eſtre meu par les Opinions des biens & des maux qui peuvent arriver au corps, afin de ſe porter à embraſſer les biens, & à rejetter les maux.

Et il eſtoit plus convenable que le Cœur fuſt deſtiné à cela qu'aucune autre partie; car comme il eſt le principe de la vie, & la machine primitive ou principale qui anime, pour ainsi dire, toutes les autres, & les entretient constamment dans leurs mouvemens, ça esté principalement luy à qui a deu estre confié le soin qu'elles fussent toutes en bon estat, & ce en leur procurant le bien, ou en leur detournant le mal, comme estant luy mesme touché du sentiment des biens, ou des maux.

Apres tout ce que nous venons de dire, il est visible qu'il s'excite dans la poitrine, comme dans les autres parties, deux Passions generales & primitives, à sçavoir *le Plaisir* ou la joye par l'opinion du bien present, *& la Douleur* ou la fascherie *Molestia*, par l'opinion du mal present.

De plus il est visible que le Plaisir est non seulement un bien, mais qu'il est bien absolument, ou absolument bon, entant qu'il n'est pas desiré pour quelque autre chose, mais pour luy mesme ou acause de luy mesme, & que la Douleur pareillement est non seulement un mal, mais un mal absolument, ou absolument mauvaise, entant qu'elle n'est pas fuye pour quelque autre chose, mais pour elle-mesme ou acause d'elle mesme; les autres n'estant des biens, ou des maux que relativement, ou entant qu'ils engendrent du plaisir, ou de la douleur.

Nous dirons dans la Morale comment on doit quelquefois preferer le plaisir à la douleur, & quelquefois la douleur au plaisir ; il suffit icy de supposer que le plaisir est bon comme fin, ou qu'il est le souverain & dernier bien, les autres n'estant biens que comme des moyens propres & destinez pour l'acquerir ; & que la douleur est de telle maniere mauvaise qu'elle est comme le dernier mal, & les autres maux comme des moyens, c'est à dire entant qu'ils la font naistre.

Car il arrive de là que toutes les autres Passions qui sont excitées par l'opinion du bien, ou du mal ont rapport à ces deux Passions qui sont comme les dominantes & dernieres, & qu'estant occupées al'entour des mesmes biens, & des mesmes maux, elles n'en different presque que par quelque circonstance.

Et par ce que ces deux Passions sont de telle maniere excitées par la presence du bien, ou du mal, qu'elles peuvent aussi naistre açause du bien, ou du mal qui sera passé, ou à venir, entant que l'opinion rend comme present le bien, & le mal

mal passé par la force de la Memoire, & de plus qu'elle rend le bien & le mal comme à venir par la force de la prevoyance, il naît consequemment de là deux autres certaines Passions tres generales qui comprennent ces trois temps. Ces Passions sont *l'Amour & la Hayne*, en ce que non seulement elles regardent le Plaisir, & la Douleur, mais aussi ce qui est capable de causer du Plaisir & de la Douleur : Car l'Amour regarde le bien qui cause, qui a causé, & qui doit causer du plaisir, & la hayne le mal qui cause, qui a causé, & qui doit causer de la douleur.

Et d'autant que le bien tandis qu'il est present est de telle maniere aimé a cause du plaisir qu'il fait naistre que l'Ame se repose, pour ainsi dire, dans sa joüissance, comme elle se repose aussi dans le plaisir d'en avoir joüy, & que lorsqu'il est à venir ou absent, elle ne se repose point tant dans l'Amour qu'elle a pour luy, qu'elle est emeüe de la cupidité ou du desir d'en joüir ; cela donne sujet à deux ou trois Passions, qui sont *la Cupidité*, & *l'Esperance*, mais la Cupidité ou le Desir sans opinion que le bien doive pour cela arriver effective-

TOME VI. Y

ment, l'Esperance avec opinion qu'il arrivera effectivement.

Ainsi de la haine du mal qui est ou present, ou absent, naissent deux autres Passions opposées à ces deux dernieres, asçavoir *la Fuite & la Crainte*, mais la Fuite opposée a la Cupidité sans opinion qu'il doive pour cela arriver, la Crainte opposée à l'Esperance avec opinion qu'il arrivera. Et de mesme de ces deux dernieres il en naist deux autres contraires, asçavoir le *Desespoir* de la Crainte, & *la Confiance* de l'Esperance, comme de ces deux dernieres il en naist aussi deux autres, asçavoir *l'Audace* de la Confiance, *la Pusillanimité* du Desespoir. Enfin quoy qu'on mette la Colere en dernier lieu, & toute seule, estant consideréee comme une espece de meslange qui comprend toutes les autres passions susdites, on luy pourroit ajouter la douceur pour en faire comme le dernier pair. Ce n'est pas qu'on n'en pûst distinguer davantage, mais celles-cy sont comme les capitales ausquelles toutes les diverses especes de Passions semblent pouvoir estre commodement rapportées, ce que nous allons ensuitte tenter de faire.

CHAPITRE III.
Du Plaisir, & de la Douleur, que les Latins appellent Voluptas, *&* Molestia.

CEs deux Passions entant qu'elles s'engendrent dans la Poitrine ou dans le Cœur, semblent avoir cela de commun avec celles qui s'engendrent dans les parties, que de mesme que la partie affectée sent du plaisir lors qu'elle est comme flattée & adoucie par la restitution de ses parties dans un estat commode, & de la douleur lors qu'elle est comme irritée & faschée par la motion rude & aspre qui la retire de cet estat; ainsi le Cœur sent du plaisir lorsqu'il luy vient des esprits du Cerveau, qui estant propres & proportionnez à sa substance, le flattent, pour ainsi dire, & le chatoüillent, & de la douleur lorsqu'il luy en vient qui estant disproportionnez à sa substance, le picquent ou le percent. Car comme le Cœur luy-mesme est une partie, il a besoin de quelque chatoüillement pour estre affecté doucement & agreablement, & de quelque picqure ou solution de continuité pour estre affecté asprement & desagrablemēt.

Or il arrive que lorsqu'il est doucement touché ou traitté par les esprits, & qu'il est comme chatoüillé, il bondit, & comme s'il desiroit sentir davantage ce chatoüillement, se dilate pour recevoir les esprits, & se porte en avant ou saillit de temps en temps, comme pour aller à leur rencontre; d'ou vient que la volupté du Cœur est d'ordinaire appellée Exultation, ou tressaillement, ce qui ne se dit pas de la volupté qui s'engendre dans les autres parties, laquelle volupté des parties n'est point aussi appellée Ioye, Delectation, *latitia, delectatio, jucunditas, gaudium, hilaritas, &c.*

Il arrive au contraire que lorsque le Cœur est touché asprement, & comme en picquant par les esprits, il se retire tout d'un coup, & comme s'il cherchoit un moyen de moins sentir ce rude attouchement, il se comprime & se resserre comme pour fuir la rencontre des esprits; d'ou vient que la douleur du Cœur est appellée Angoisse, *Angustia, quasi cor sese in angustum contrahat, Afflictio, mœstitia, tristitia,* ce qui ne se dit point aussi de la douleur des parties.

Ces deux mesmes Affections ou Passions semblét encore avoir cela de commun avec celles des parties ou du corps, qu'encore que le plaisir du Cœur, ou de l'Esprit ne semble pas si sensiblement supposer une douleur, une cupidité, une indigence precedente ; il est neanmoins constant, à bien considerer la chose, qu'il y a toujours quelque deplaisir, quelque cupidité, quelque indigence qui precede, & qui cause du plaisir à mesure qu'elle s'oste.

Pour entendre cecy, il faut remarquer que chaque personne a son temperament particulier, & que non seulement le Corps, mais que l'Ame mesme, c'est à dire la partie inferieure de l'Ame qui est corporelle, est d'une contexture particuliere, & que cette contexture a tant de rapport avec celle du corps acause de l'individuë liaison de l'un & de l'autre, que si le corps a de l'inclination, ou de l'aversion pour une chose, l'Ame a aussi de l'inclination, ou de l'aversion pour cette mesme chose.

Et il arrive de là que selon que les choses externes affectent le corps ou bien, ou mal, l'Ame les estime ou bonnes, ou mauvaises, & qu'ainsi par une certaine suite necessaire il se forme dans la Phantaisie, & dans l'Esprit mesme des Opinions telles que la contexture, & le temperament du corps les suggere; en sorte que ce n'est pas merveille si autant qu'il y a d'hommes, autant il y a presque d'Opinions differentes; parceque de mesme que les Corps, & les temperamens de tous les Hommes sont differens, ainsi les Ames sont par la diversité des temperamens susceptibles d'opinions differentes.

Il arrive derechef que parce qu'une Opinion estant née dans l'Esprit, il est envoyé & transmis au Cœur des esprits qui le meuvent ou doucement, ou rudement & asprement, il arrive, dis-je, pour cette raison, que le Cœur est affecté ou agreablement envers la chose que l'Opinion tient estre bonne, ou desagreablement envers celle qu'elle tient estre mauvaise; d'ou vient qu'on peut dire qu'il y a dans l'Ame comme une certaine inclination habituelle & naturelle à de certaines choses, & une naturelle & habituelle aversion pour de certaines autres choses; de sorte que ce n'est pas aussi merveille qu'y ayant une telle diversité de temperamens, & une telle diver-

sité d'opinions, on remarque dans les hommes une si grande diversité de mœurs, & d'inclinations, un chacun agissant selon les principes dont il est composé, conformement à cet Axiome.
Naturæ sequitur semina quisque suæ.
D'ou l'on entend que l'inclination naturelle qu'un chacun a pour une chose, est une certaine appetence naturelle que l'opinion qui naist excite aussi bien dans le cœur par la transmission des esprits, que la chaleur devorante excite l'appetence de la faim, & de la soif dans la gorge par la secheresse.

Aussi n'est-ce pas sans raison qu'on dit que l'Avarice est une faim & une soif des richesses, l'Ambition une faim & une soif des honneurs, & ainsi des autres; car l'Avarice & l'Ambition sont de certaines inclinations qui rendent l'Ame inquiete de mesme que la faim & la soif, l'inquietude ne cessant point dans le Cœur, qu'apres qu'on a obtenu les richesses & les honneurs, de mesme que la faim & la soif ne cessent point dans la gorge qu'apres qu'on a beu & mangé: Et de mesme que la chaleur ne cessant point d'agir la faim & la soif se renouvellent, & que l'on demande de nouvelles viandes comme si celles qu'on a prises auparavant n'estoient contées pour rien; ainsi l'Opinion ne cessant point d'agir, l'Avarice, & l'Ambition s'enflamment derechef, & l'on recherche de nouvelles richesses, & de nouveaux honneurs, comme si les precedens n'estoient rien; ce qui continue de la sorte toute la vie, parceque ces inclinations sont aussi bien adherantes à l'Esprit, & peuvent aussi bien estre renouvellées que l'appetence de la faim & de la soif.

L'on entend de plus, que les plaisirs de l'Esprit, ou ceux qui naissent dans le Cœur de l'acquisition des richesses, des honneurs, de la vangeance, & autres semblables sont posterieures à l'indigence naturelle ou au deplaisir qui naist de l'opinion que ces choses manquent. Et le mesme se doit entendre à l'egard de ces autres sortes de plaisirs qui sont encore plus particulierement censez appartenir à l'Esprit, comme sont ceux qui viennent de la Science, & de la Vertu. Car pour ce qui regarde la Science, comme toute faculté connoissante se porte par une inclination naturelle à son objet, ce n'est pas merveille que l'Ame qui est douée de la faculté sensitive, & de l'intelligente, ait de l'inclination à connoitre non seulement ce que les choses sont en apparence, mais ce qu'elles sont en effet, c'est à dire la verité ; c'est pourquoy cette inclination est aussi une certaine appetence naturelle, qui peut de mesme estre appellée une faim, & une soif ; puisque tous les hommes sont travaillez de cette faim, & qu'il n'y a personne si peu curieux qu'il puisse estre, qui ne desire de voir quelque chose, d'entendre, de connoitre, & qui pour cela n'ouvre les yeux, & n'ecoute attentivement ; & il y en a mesme qui par un certain instinct special se portent aux Sciéces, & à connoitre la verité avec une avidité merveilleuse ; d'où vient que ceux-là peuvent specialement estre dits affamez & alterez, & la Science, ou l'acquisition de la verité peut effectivement à leur egard estre dite la pasture de l'Ame, puisqu'elle a de la passion pour sçavoir, & pour connoitre comme elle en a pour le boire & le manger quand elle est pressée de la faim, & de la soif.

Certes, ce que nous venons de dire plus haut de la faim, & de la soif qui revient, & reprend de temps en temps, & tout de nouveau, a principalement lieu dans l'appetence de sçavoir; car à peine avons-nous entendu une chose dont nous desirions ardemment avoir la connoissance, que nous-nous portons à en connoitre une autre toute nouvelle avec autant d'ardeur; & l'experience mesme nous apprend que nous n'avons plus tant de passion que nous avions pour les choses que nous avons une fois sçeües. Disons donc que la Volupté, ou le plaisir qui naist de la Contemplation, & de la Science ou acquisition de la verité, suit une certaine inquietude antecedente qui est causée par l'ignorance, c'est à dire par l'indigence de Science, & ce selon qu'un chacun est naturellement enclin à sçavoir telles ou telles choses, ou qu'il s'y est rendu enclin par une certaine maniere de vie, etude, ou accoûtumance.

Ce que je dis du plaisir qui vient de la Science, se doit entendre de l'amour de la Vertu & de l'honnesteté; parceque dans ceux qui sont nez ou qui ont une pente naturelle pour la Vertu, cette pente est comme une faim, & une soif, ou une avidité pour faire tout ce qui est honneste & loüable; de sorte qu'ils ne peuvent satisfaire cette avidité, c'est à dire faire des actions d'equité, de force, & des autres Vertus, qu'il ne leur en revienne un plaisir extreme, tres pur, & tres doux, & quelque action de Vertu qu'ils fassent il leur reste toujours un certain aiguillon naturel qui les porte à en faire d'autres.

L'on peut donc dire en general que le Plaisir & la Douleur *molestia*, s'engendrent dans le Cœur, & dans l'Esprit de mesme que dans les parties affectées; la Douleur naissant premierement de quelque picqure, ecorchure, & solution de continuité, & le Plaisir naissant ensuite de la reunion, & du retablissement dans l'estat naturel. En effet, puisque lors principalement qu'il nous survient quelque grand, & tres sensible deplaisir, nous sentons evidemment que le Cœur se resserre, & se retire, comment nous pouvons-nous imaginer que cela se fasse, si ce n'est que du costé de la base il luy vient de certains esprits du Cerveau qui estant disconvenables, & disproportionnez à sa contexture, sont comme autant de petites pointes de fleches qui le picquent, & le percent, & font qu'il fuit, & se retire, comme pourroit faire la main lors qu'elle est touchée par des orties, la langue par un suc trop salé, les narines par une odeur puante, l'oreille par un Son discordant, l'œil par une espece difforme & vilaine, comme nous avons dit en son lieu? Car il est naturel à chaque Animal, & à chaque partie sensible de l'Animal, lorsqu'elle souffre solution de continuité, de tendre, & de conspirer à la reunion, en sorte que les parties circonvoisines soient obligées de se serrer mutuellemét, afin que l'ouverture soit autát qu'il est possible etressie & appetissée, & que cependant la partie blessée se retire, & se cache entre les autres, & s'il est possible ne soit pas davátage endomagée.

Ainsi lorsque nous sentons principalement dans quelque grand plaisir, que nostre Cœur se dilate, & qu'il saute ou bondit pour ainsi dire en avant, de quelle maniere nous pouvons-nous imaginer que cela arrive, si ce n'est que du costé de la base il luy vient des esprits convenables, qui comme un doux liniment consolident la playe, & fassent que le Cœur accourre comme la main refroidie au feu, la langue seche & bruslée à l'eau, les narines infectées d'une mauvaise odeur à une odeur douce & suave, l'oreille dechirée par une dissonnance à l'harmonie, l'œil blessé par une chose laide & difforme à une belle ? Car il est pareillement naturel à chaque Animal, & à chacune de ses parties sensibles de s'etendre & de s'avancer vers la chose convenable par laquelle elle soit nourrie à sa maniere, adoucie, flattée, entretenue. Et cela mesme nous doit paroitre d'autant moins admirable dans les Animaux, que nous observons que les Plantes fuyent aussi les choses disconvenables, comme elles s'avancent vers celles qui leur sont convenables ; car enfin ce n'est que pour cela que les racines se poussent, & s'allongent vers l'aliment, que les fleurs se tournent, & s'ouvrent au Soleil, & que la Concombre fuit l'huyle, & s'en ecarte, comme elle s'avance & se traine vers l'eau, & ainsi des autres.

Cependant quelqu'un pourroit icy douter avec raison, si cette motion soit de compression, soit de dilatation est l'Affection ou la Passion mesme de Douleur & de Plaisir, ou quelque autre chose ? Car encore qu'il n'y ait point de douleur *molestia* que le Cœur ne se resserre, ni de volupté qu'il ne se dilate, neanmoins l'un & l'autre semble estre comme un adjoint, ou une qualité attachée à la motion acause de laquelle la compression soit fascheuse, & la dilatation agreable : D'ou vient qu'encore qu'Aristote dans sa Rhetorique definisse la Volupté une certaine motion de l'Ame,& un retablissement continu, & sensible dans l'estat naturel, & la Douleur au contraire ; neanmoins considerant dans un autre endroit le Plaisir tant dans le Sens que dans la pensée,& prenant garde que toute action soit du Sens, soit de l'Entendement est d'autant plus agreable qu'elle est parfaite, & qu'ainsi celle qui est tres parfaite est aussi tres agreable, il dit que le Plaisir perfectionne l'action, non comme une habitude inexistente, mais comme une certaine fin qui survient ; ce qui fait voir qu'il regarde le plaisir, non comme une motion, mais comme une perfection de l'action. C'est pourquoy il semble qu'on doit dire que la motion du Cœur, ou de l'Ame est veritablement comme le sujet, ou comme l'on parle d'ordinaire, le Materiel soit du Plaisir, soit de la Douleur, mais qu'outre cela il y a comme l'adjoint ou le Formel, en quoy consiste proprement, & principalement l'essence de l'une & de l'autre.

Et ce n'est pas certes sans raison qu'Aristote dit specialement que le Plaisir survient à l'action comme fin ; car le Plaisir est comme le couronnement de la poursuite, de l'acquisition, de la possession, ou de la joüissance du bien, entant que cet epanchement du Cœur par lequel l'Ame embrasse pour ainsi dire le bien, le possede, en joüit, a comme une douceur repandue sur soy, à raison de laquelle la possession, & la joüissance est souhaitée. Ainsi la Douleur est comme quelque chose d'opposé à la fin, ou qui survient à l'action contre l'intention & la volonté, entant que cette compression du Cœur par laquelle l'Ame a de l'horreur pour le mal present, a comme une amertume repandue sur soy à raison de laquelle l'entrée, & l'atteinte du mal est fuye.

Quant à ce que demande ensuite Aristote, d'ou vient que personne ne se plaist point continument, ou fort longtemps à quelque chose ? Il en tire la cause de la lassitude, mais il semble qu'on pourroit dire plus simplement que le Plaisir ne se sentant que dans le retablissement à l'estat naturel, il ne dure qu'autant que dure le retablissement, ou l'expulsion de la cause qui incommode.

Des principales Espèces de Plaisir & de Douleur.

POur ce qui est maintenant des espèces de Plaisir, & de Douleur dont il semble que ce seroit icy le lieu de parler, nous ne devons pas nous y arrester long-temps. Car premierement à l'egard du Plaisir, il est constant que quand on dit que les uns sont purs, & honestes, les autres sales, & deshonnestes, les uns veritables, les autres faux, cela regarde la Morale; & pour ce qui est de la division qu'on fait des Plaisirs en ceux du Corps, & en ceux de l'Esprit, elle regarde veritablement davantage la Physique, mais ce qui a esté dit jusques icy la fait assez connoitre. Car encore que le Corps ne puisse pas jouïr d'un plaisir que l'Esprit n'en devienne participant, ni l'Esprit estre dans le contentement qu'il ne redonde sur le Corps, ensorte que tout Plaisir soit par consequent en quelque façon commun à l'un & à l'autre ; neanmoins ceux qui se goustent par les Sens exterieurs, & principalement par celuy du Goust, & de l'Attouchement, sont plus proprement rapportez au Corps, & ceux là sont plutost, & plus proprement rapportez à l'Esprit qui se gouftent par la pensée, & sans que le Sens externe concoure, & principalement ceux qui naissent de la contemplation de la Verité, & du souvenir des actions honnestes.

Or ce seroit s'engager à l'infiny que de vouloir faire le denombrement des especes de ces deux sortes de Plaisirs, puis qu'on en peut faire autant qu'il y a de choses qui les peuvent produire, & qu'il est visible que ces choses sont infinies. C'est pourquoy il vaut mieux nous en tenir simplement à celles que Ciceron d'ailleurs tient pour des especes ou parties de Plaisir, quoy qu'elles ne soient presque autre chose que des Synonimes de Plaisir, & qu'elles ne different seulement que par quelque circonstance. Car entant que le Bien est grand, par exemple, ou petit, qu'il est peu ou beaucoup desiré, & entant que la Raison tempere l'Appetit, ou qu'elle le laisse aller sans aucune retenüe, le Plaisir est ou grand, ou petit, temperé, ou immoderé, &c. si bien que la plus part des plaisirs se font distinguer par le plus, & le moins, c'est à dire par une moderation, & par un emportement qui se manifeste par des signes exterieurs.

Ainsi, par exemple, *la Ioye* que les Latins appellent *Gaudium*, est un plaisir qui est de telle maniere conceu dans l'Esprit, & dans l'interieur, qu'il ne se manifeste pas soudainement, ou ne se repand du moins pas outre mesure. Et celle qu'ils appellent *Lætitia*, est un Plaisir qui sort pour ainsi dire au dehors, & qui paroit principalement sur le visage : Ainsi le Contentement *Delectatio* ou *Oblectatio*, est une espece de Plaisir plus paisible; le Tressaillement *Exultatio*, est plus mobile ; car le mot de contentement s'attribue souvent aux Plaisirs de l'Esprit, & entre les corporels à ceux des Sens les plus purs, & principalement à l'Oüye, & celuy de Tressaillement marque vn Plaisir qui ne se peut contenir luy-mesme, & qui passe aux gestes, aux saults, & aux bondissements. La Gayeté *Hylaritas* approche du Tressaillement, si ce n'est que la Gayeté montre un visage plus ouvert, & plus riant, & qu'elle ajoûte les gesticulations, le divertissement, & les jeux. Ciceron met la Malveillance & l'Ostentation entre les especes de Plaisirs, mais peuteftre que la premiere se pourroit rapporter à la Cupidité, & la derniere à l'Audace.

Quant aux especes de Douleur ou de fascherie *Molestia*, l'on en peut autant dire en general que des especes de Plaisir. Car lorsque l'on dit qu'il y en a d'honnestes, & de sales ou deshonnestes, c'est a dire qui viennent de causes honnestes, ou deshonnestes, qu'il y en a de vrayes, ou qui sont veritablement à fuir, & d'apparentes, ou qu'on doit elire & accepter a cause du bien caché, & du plaisir qui en doit suivre, cela regarde aussi la Morale. Il est vray que la division qu'on en fait en celles du Corps, & celles de l'Esprit est plus Physique, mais elle se doit aussi entendre de ce qui a deja esté dit.

Au reste de vouloir sousdiviser les unes & les autres, cela iroit de mesme à l'infiny, c'est pourquoy touchons plutost celles dont parle Ciceron; mais remarquons auparavant qu'il les comprend sous le mot de *Ægritudo* ou maladie imitant en cela les Stoïciens qui consideroient les Passions comme des maladies d'Esprit, au lieu que nous les comprenons sous celuy de *Molestia* ou de fascherie, parce que nous considerons les Passions plus generalement, & qu'il n'y a point de mot qui soit plus indifferent,

& qui generalement marque mieux ce qui est opposé au Plaisir : Nous rendons neanmoins d'ordinaire ce mot de *Molestia* par celuy de Douleur, quoy que le mot de Douleur semble regarder plus particulierement le corps, mais nous n'avons point d'autre terme plus propre en nostre langue.

Pour toucher donc ces especes de Passions dont a parlé Ciceron, & laisser icy *l'Envie*, *l'Emulation*, *la Medisance*, *& la Ialousie* pour en traiter ailleurs plus commodement, Ciceron dit que *la Misericorde ou Compassion* est une certaine fascherie *Molestia*, ou un certain deplaisir qu'on a de la misere d'une personne qui soufre à tort. Ce qui excite en nous cette Passion est, que l'on se voit estre dans une Societé avec laquelle on en use si mal qu'il arrive des maux à ceux-là mesmes qui ne les ont pas meritez. Car personne, ajoûte-t'il, n'est touché de compassion pour un Parricide, ou pour un Traitre qu'on punit, parce que l'on reconnoit qu'on en use bien avec la Societé lorsqu'il arrive du mal aux meschans, du nombre desquels l'on ne voudroit pas estre. Où vous remarquerez en passant qu'on pourroit inserer cette Passion qui est appellée *Indignation*, lorsque quelqu'un est fasché qu'il arrive des maux aux bons, & des biens aux meschans sans que les uns & les autres l'ayent merité. Il ajoûte que l'Angoisse ou la detresse est une douleur pressante, *Angor est ægritudo premens*, que la Douleur est une tristesse qui tourmente, *Dolor est ægritudo crucians*. Nous venons de dire que la Douleur regarde plus particulierement le Corps, mais elle regarde aussi l'Esprit; car *le Repentir* est proprement dit une douleur qu'on a d'avoir fait quelque chose que nous voudrions n'avoir point fait acause du mal qui luy est attaché. *Le Remors* à peine differet-il du Repentir, entant que c'est le souvenir ou la conscience qui cause le remors dans l'Ame. Le mesme se dit de la *Synderese*. *Le Tourment* marque de la douleur dans le Corps, *Afflictatio est cum vexatione corporis*. *Le Desespoir* est un ennuy extreme sans aucune esperance de retour; mais nous en parlerons ensuite. *L'Affliction* suppose les larmes. *La Tristesse* peut estre sans larmes. *La Doleance* ou *Lamentation* est accompagnée de cris, & de plaintes. *Le Dueil* regarde la mort des Amis.

Pour toucher auſſi quelque choſe des principaux Signes ou effets de ces Paſſions ; il ſemble quant à ce qui regarde le Plaiſir, que de cette eſpece d'effuſion ou de dilatation du Cœur il s'enſuit que toute la Poitrine eſt dilatée, que le Poûmon devient plus enflé qu'a l'ordinaire, que les orifices de la Veine arterieuſe, & de l'Artere veneuſe deviennent plus ouverts, que ces vaiſſeaux envoyent davantage de ſang dans le Ventricule gauche du Cœur, que ce ſang paſſe dé là dans l'Aorte en plus grande abondance, & que penetrant de là dans les arteres Capillaires, il ſe repand juſques aux extremitez.

Il s'enſuit par conſequent qu'outre la chaleur qui eſt augmentée, il ſe repand une rougeur ſur la peau, & principalement à la face, & aux joües, comme eſtant les plus delicates parties de tout le corps, & recevant plus de ſang par le moyen des Arteres Capillaires, que les Veines Capillaires n'en peuvent ſuccer.

Il s'enſuit encore que par l'affluence extraordinaire du ſang au Cerveau, les eſprits excitez par la chaleur paſſent de telle maniere dans les nerfs deſtinez au mouvement, que ceux de la ſixieme

DE L'APPETIT. 527

Conjugaison font comme bondir & treſſaillir tout le corps, que ceux de la ſeptieme excitent le parler dans la langue, que ceux de la ſeconde egayent les yeux, & que ceux qui paſſent proche de là tendent les jouës & les levres, d'où vient le Ris.

Ce qui merite icy d'eſtre remarqué, c'eſt qu'encore que la Ioye & le Ris ſelon ſoy, & acauſe de cette diffuſion ou epanchement d'eſprits & de chaleur, ſoyent une choſe ſaine & ſalutaire, entant qu'ils diſſipent & font tranſpirer l'humeur melancolique, ce qui donne une gayeté, & une vigueur au Corps; il ſe peut neanmoins faire que la cauſe du Ris ſoit tellement ſoudaine, impreveüe & vehemente, que le Poûmon s'enflant & s'etendant par trop il entre plus de ſang dans le Poûmon & dans le Cœur qu'ils n'en peuvent ſouffrir, & que le Ventricule gauche du Cœur n'en peut faire paſſer dans l'Aorte; de ſorte que la Reſpiration & le mouvement du Cœur eſtât empechez, la defaillance s'enſuive & quelquefois la Mort; côme il eſt arrivé à Zeuxis en regardant une Vieille qu'il avoit merveilleuſement bien peinte, à Philemon en conſiderant un Aſne qui mangeoit des figues qu'on avoit mises sur la table pour le difner, & à plusieurs autres qui sont morts à force de rire.

Quant à ce qui regarde la Douleur, il s'enfuit au contraire acaufe de cette compreffion du Cœur, que la Poitrine, & les orifices de la Veine Arterieufe, & de l'Artere Veneufe font refferrez, & qu'il paffe moins de fang au Cœur, à l'Aorte, aux Arteres Capillaires, & aux extremitez qu'a l'ordinaire, ce qui fait la Palleur.

Il s'enfuit par confequent que paffant ainfi moins de fang à la Tefte qu'a l'ordinaire, le Cervau devient plus froid, que les efprits n'entrent plus de mefme dans les nerfs deftinez au mouvement, que les membres tombent & s'affaiffent, que la langue s'engourdit, que les yeux deviennent languiffants, que toute la face fe refferre, & qu'en fuite les larmes decoulent des yeux par la compreffion des glandules lacrimales.

Il eft vray que la Ioye fait auffi quelquefois couler les larmes des yeux, mais ce n'eft qu'a ceux qui ont les glandules lacrimales gonflées d'humeur, & qui font d'un naturel fort tendre ; car il arrive

rive aussi que les joües estant retirées vers les yeux, les paupieres resserrées, & la peau ridée ces glandules sont pressées de maniere que l'humeur est contrainte d'en couler.

Vne chose qui merite aussi d'estre remarquée est, que la Tristesse de soy n'est jamais utile si ce n'est par accident, & entant que le Cerveau estant trop humide, comme il est souvent dans les femmes, elle en tire des larmes qui rendent sa temperature plus seche ; car du reste il n'est rien de plus vray que la Melancolie asseche les os, *Spiritus tristis exsiccat ossa*, & il peut mesme arriver que la cause de la tristesse soit tellement puissante, & frappe l'imagination avec tant de force que le Cœur devienne oppressé par une trop grande compression, que son mouvement & celuy des Arteres soit supprimé, & que le Sang cessant de couler, les membres deviennent pasles, & sans vigueur, en sorte que la defaillance, & la Mort mesme quelquefois s'en ensuive.

Tome VI.

CHAPITRE IV.
De l'Amour, & de la Hayne.

Nous avons maintenant à traitter de l'Amour, & de la Hayne, qui sont les principales Passions entre celles qui regardent le Plaisir, & la Douleur, & qui se portent aux choses, ou aux causes qui les produisent. Car l'Amour est une Passion par laquelle l'Ame portée naturellement au Plaisir comme premier bien, se porte conjointement à la chose que l'Opinion represente comme bonne ou capable de produire du plaisir, & l'embrasse, pour ainsi dire, & se l'attache etroittement : Et la Hayne est une Passion par laquelle l'Ame ayant naturellement de l'aversion pour la Douleur comme premier mal, a conjointement de l'aversion pour la chose que l'Opinion represente comme mauvaise ou capable de produire du mal, & l'ecarte, pour ainsi dire, de soy & s'en detourne.

Or je suppose que l'Ame a une inclination naturelle au Plaisir, & qu'ainsi elle l'aime naturellement comme premier bien, parceque dés le moment de

DE L'APPETIT.

la naiſſance, & ſans faire aucune penſée ou raiſonnement, elle en eſt touchée, & par une raiſon contraire que l'Ame a une averſion naturelle pour la Douleur, & qu'ainſi elle la hayt naturellement comme premier mal, parceque dés la naiſſance, & independemment de toute penſée ou raiſonnement elle la ſent.

Et lorſque je dis que l'Ame ſe porte conjointement à la choſe bonne, cela marque premierement que l'Ame aime en meſme temps où conjointement & le Plaiſir, & la choſe qui engendre ce plaiſir; cela marque de plus la motion par laquelle le Cœur du moment qu'il eſt pouſſé par les eſprits que la penſée du plaiſir excite, & envoye, ſe repand, pour ainſi dire, vers le Plaiſir, luy tend facilement les bras pour l'embraſſer, l'embraſſe, le tient, & le ſerre, ou l'etreint autant qu'il luy eſt poiſſible. Ainſi lorſque je dis que l'Ame a conjointement de l'averſion pour la choſe mauvaiſe, cela marque que l'Ame hayt en meſme temps ou conjointement & la douleur, & la choſe qui cauſe la douleur; & de plus cela marque la motion par laquelle le Cœur du moment qu'il eſt atteint par les eſprits qui luy viennent de la penſée de la douleur, se retire pour ainsi dire de la douleur, l'eloigne de soy autant qu'il peut, la bannit, & la deteste.

J'ajoûte *que l'Opinion tient & represente comme bonne, ou qui est bonne par Opinion*, par ce qu'encore que la chose soit peuteſtre mauvaise d'elle mesme, comme estant capable de causer beaucoup plus de douleur que de plaisir, il suffit neanmoins pour exciter de l'amour, ou se faire aimer, qu'elle soit crüe bonne, ou capable de produire du plaisir, soit que cela vienne de ce que l'on ne songe pas au mal qui luy est joint, ou qui en doit suivre, soit que son espece soit foible & debile, & ne fasse que peu d'impression. Et de mesme j'ajoûte *que l'Opinion tient & represente comme mauvaise*, parce qu'encore qu'elle soit peuteſtre bonne d'elle mesme, côme pouvant causer beaucoup plus de plaisir que de douleur, c'est neanmoins assez pour exciter de la hayne à son egard qu'elle soit crüe mauvaise, ou capable de produire de la douleur, & du deplaisir, soit que cela vienne de ce que l'on ne pense pas au plaisir qui luy est joint, ou qui doit suivre, soit que son espece ne paroisse, & n'excite que foiblement.

DE L'APPETIT. 533

Car ces Passions, & toutes les autres qui naissent dans le Cœur, ne sont excitées que par l'entremise de l'Opinion; d'ou vient aussi qu'on dit vulgairement que l'Appetit est une puissance aveugle, c'estpourquoy elles suivent de mesme de l'Opinion soit qu'elle soit fausse, soit qu'elle soit vraye; & ce n'est par consequent pas merveille que le bien vray ou faux excite de l'Amour, & que le mal vray ou faux excite de la Hayne.

J'ajoûte encore *bonne ou capable de produire du plaisir*, pour indiquer que la cause pourquoy une chose est reputée bonne, & excite de l'amour, ou se fait aimer, c'est le plaisir qu'elle peut produire; & de mesme que la cause pourquoy une chose est reputée mauvaise, c'est la douleur ou le deplaisir qu'elle peut produire. En effect, parce qu'aucune chose n'est dite bonne qu'entant qu'elle est bonne à quelque chose, c'est à dire qu'elle luy est convenable, proportionée, commode, & qu'ainsi elle la perfectione, & chasse d'elle quelque defaut, ou quelque indigence; cela fait qu'elle a en soy de quoy l'adoucir, de quoy la chatoüiller, de quoy luy plaire, ou luy estre agreable, & qu'estant telle, elle devient aimable. Car une chose peut bien d'ailleurs estre dite parfaite en soy, mais du moment qu'elle est dite bonne, on entend qu'elle est bonne à quelque chose, & que par ce qu'elle est bonne elle plaist, & que par ce qu'elle plaist elle est aimable. D'ou il arrive que l'on entend qu'une chose est bonne, & par consequent aimable à tout animal, & specialement à l'Homme, laquelle luy est plaisante, ou agreable, & delectable.

Et certes, encore qu'a l'egard de l'Homme on ait coûtume de distinguer trois genres de Biens, asçavoir l'Honneste, l'Vtile, & le Delectable ; neanmoins cette division, selon Aristote mesme, semble estre improprement établie, entant que Bon & Delectable doivent estre censez Synonymes, & que selon les Regles de la Dialectique le Genre ne doit pas estre conté entre ses especes. *Car le Plaisir commū à tous les Animaux,* dit Aristote, *accompagne toutes les actions qui se font par election, tout ce qui est honneste, & utile estant agreable ou delectable.* Mais nous traiterons la chose plus au long dans la Morale, où nous ferons voir que le plaisir qu'une chose est capable de produire est dans cette chose l'essence du Bien, comme le deplaisir ou la douleur que cette chose peut produire est dans cette chose l'essence du Mal, en sorte que le Plaisir soit comme le premier Bien ou le bien originaire & primitif par la participation duquel une chose soit dite bonne, & le Deplaisir ou la Douleur comme le premier Mal par la participation duquel une chose soit dite mauvaise.

Ce qu'il faut icy principalement remarquer est, qu'il s'excite de l'Amour, ou de la Hayne dans le Cœur toutes les fois que l'Espece de la chose qui se presente estant convenable, ou disconvenable au Sens, ou à l'Entendement, elle entre doucement, ou rudement, plaist, ou deplaist, cause de Plaisir, ou de la Douleur.

Ce que je dis de l'Espece convenable, ou disconvenable à l'egard du Sens ne doit pas sembler etrange, en ce que cette espece estant corporelle, elle peut estre composée de corpuscules qui lors qu'ils entrent dans l'organe soient convenables ou disconvenables à ses petits pores, & le meuvent doucement, ou rudement, d'ou il naisse un sentiment agreable, ou desagreable, qui fasse que la chose dont elle est l'espece devienne aimable, ou hayssable.

Mais la chose souffre plus de difficulté à l'egard de l'Entendement, parce qu'il est d'une nature incorporelle ; toutefois parceque l'Entendement tant qu'il est dans le Corps, agit de telle maniere avec la Phantaisie, & se sert de ses especes conjointement avec elle de telle sorte qu'il est censé estre comme un seul & unique Principe d'agir avec elle ; cela fait que l'Espece qui est convenable, ou disconvenable avec la Phantaisie, ou avec son organe, peut estre censée convenable, ou disconvenable avec l'Entendement.

Or il arrive de là que n'y ayant aucune chose incorporelle dont l'espece que nous-nous en formons, & qui s'imprime par consequent dans la Phantaisie ou dans son organe, ne soit corporelle de mesme que celles qui viennent des choses corporelles, & qui n'entre ou doucement ou asprement, qui ne cause du Plaisir, ou de la Douleur, & qui ne represente par consequent la chose comme aimable, ou comme hayssable ; il arrive de là, dis-je, que parceque l'espece que nous-nous formons de Dieu nous represente, par exemple, un Pere, ou un Prince tres bon, tres benin, tres bienfaisant, nous recevons agreablement cette espece, & que cette mesme espece nous representant tous les biens qu'il nous a fait, qu'il nous fait, ou fera, elle excite en nous une Passion d'Amour pour luy.

Et il en est de mesme à l'egard des bons Genies ou des Anges, & l'egard des mauvais Genies ou des Demons. Car comme nous-nous figurons les Anges, par exemple, comme de beaux jeunes Enfans qui nous veulent du bien, qui nous en font, qui sont toujours prests à nous secourir, &c. & les Demons comme des Monstres horribles, malins, & mal-faisans, qui nous dressent des embuches, qui portent les hommes au mal, & qui sont destinez pour les tourmenter par des tourmens cruels, & ineffables; nous ne sçaurions nous representer les Anges sous une espece si belle, & si agreable que nous ne les aimions, & les Demons sous une espece si horrible que nous ne les hayssions.

Il en est encore de mesme à l'egard de la Verité que nous-nous representons comme une lumiere qui dissipe les tenebres de nostre Ame, qui l'eclaire, & qui la perfectionne ; & à l'egard de l'Honnesteté, & de la Vertu que nous-nous representons comme l'ornement de l'Ame, & qui fait toute la beauté de la Vie, la veritable tranquillité, & la pure & innocente Volupté ; ces belles especes ne scauroient se presenter à nostre Esprit qu'elles n'excitent en nous de l'Amour & de la Passion.

Tout ce qui a esté dit jusques icy insinüe que l'Amour, & la Hayne se peuvent distinguer de la mesme maniere que nous avons distingué le Plaisir, & la Douleur ; ensorte qu'autre soit l'amour des biens qui appartiennent au Corps, autre celuy des biens qui appartiennent à l'Esprit ; & de mesme, autre la hayne des maux qui regardent le Corps, autre celle des maux qui regardent l'Esprit. Nous prenons neanmoins icy un peu autrement les biens du Corps, & de l'Esprit qu'on a coûtume de faire lorsqu'on dit qu'il y a des biens du Corps, & des biens de l'Esprit, des biens externes, & des biens internes. Car ceux qui font cette division n'entendent par ce mot de biens soit du Corps, soit de l'Esprit, que les qualitez naturelles ou acquises de l'une & de l'autre partie, telles que dans le Corps sont la bonne disposition des

Sens, la beauté du visage, la force des membres, la taille avantageuse, la santé ferme & constante; & dans l'Esprit la subtilité, la sagacité, le jugement meur, la memoire excellente, l'erudition grande, la parfaite Vertu: Et icy l'on entend non seulement ces sortes de perfections que nous aimons soit dans nous, soit dans les autres, mais aussi les biens externes qu'on aime parce qu'ils causent du plaisir ou dans le Corps, ou dans l'Esprit. Ce qui se doit dire à proportion des maux du Corps & de l'Esprit; car l'on entend aussi les maux externes que nous hayssons, parce qu'ils nous causent de la douleur dans le Corps, ou dans l'Esprit.

L'on pourroit ensuite distinguer autant d'especes d'Amour, & de Hayne qu'il y a d'especes de biens & de maux, mais comme cela iroit à l'infiny, nous nous contenterons d'en distinguer deux sortes, l'Amour du bien comme Fin, & l'Amour du bien comme Moyen pour la fin: Et parceque selon Aristote la fin est double, *la fin qui*, ou qui est desirée, & qui n'est autre chose que le Plaisir, comme nous ferons voir dans son lieu, parcequ'un chacun desire le plaisir, & *la* fin à qui, ou à qui elle est desirée ; & qui n'est autre chose que la personne, c'est à dire nous-mesmes à qui & pour qui nous desirons le plaisir ; cela fait qu'on distingue principalement deux sortes d'Amour, l'un que les Grecs ont nommé φιληδονία, l'Amour du plaisir, & l'autre φιλαυτία, l'Amour de soy-mesme. L'un & l'autre sont veritablement d'ordinaire improuvez comme vicieux ; neanmoins cela n'empesche pas qu'ils ne soient tous deux naturels, comme nous montrerons dans la Morale, lorsque nous expliquerons en quoy l'un & l'autre est legitime, ou blasmable.

Il suffit icy de sçavoir par avance, que tout ce que les Hommes font par choix, & par election, lors mesme qu'ils se soûmettent à des choses penibles & fascheuses, qu'ils souffrent du mal, & qu'ils endurent, ils font cela en veüe de quelque plaisir qui doit suivre de là : Car quoy qu'ils semblent se proposer d'autres fins, neanmoins ces fins ne sont point des fins dernieres, mais des fins moyennes, & comme des voyes pour parvenir au plaisir qu'ils regardent & se proposent en dernier lieu. De plus qu'il n'y a personne qui dans toutes ses actions n'agisse pour soy-mesme, ou n'ait quelque egard, & quelque relaschement pour soymesme, lors mesme qu'il fait, ou qu'il procure aux autres des biens dont il se prive, & lors qu'il s'expose à de grands dangers, & qu'il affronte la Mort pour sa Patrie, pour ses Enfans, pour ses Amis; car s'il ne regarde pas l'argent, la faveur, le refuge, l'azile, la protection, ou quelque autre chose de la sorte ; du moins il a en veüe cette satisfaction, & ce temoignage interieur qu'on a d'avoir fait une belle action, & la gloire qu'il se cherche à soy-mesme, & qu'il se reserve lorsqu'il laisse, & qu'il abandonne aux autres d'autres biens qu'il estime estre beaucoup moindres.

Or j'ay dit que l'un & l'autre Amour ne laissoit pas d'estre naturel, parceque tout plaisir de sa nature est aimable, & si l'on en blasme quelqu'un, ce n'est pas acause de luy-mesme, mais acause de quelque mal qui en peut suivre, ou acause de la Loy sous laquelle on vit, & qui le defend. Une secóde raison est, que dans l'ordre de la Nature un chacun est d'autant plus aimable à soy-mesme que tous les autres, qu'il est plus proche de soy-mesme, qu'il se veut, & se fait plutost du bien à soy-mesme;

& qu'il n'y a du deshôneur à se regarder plutost soy-mesme que les autres, que lorsque les Mœurs y repugnent, ou autremét, comme nous dirons aussi dans la Morale.

Il faut remarquer en passant, que de mesme que dans l'homme l'amour de la femme, & dans la femme l'amour de l'homme est naturel, acause de cette violente inclination au plaisir que la Nature a donnée pour perpetuer l'espece par le moyen de l'Enfant ; ainsi l'amour du Pere à l'egard de l'enfant est naturel, entant que le Pere non seulement considere l'enfant comme une partie de soy-mesme, mais encore comme un autre soy-mesme, & qui doit estre un jour substitué en sa place, afin de subsister en cet enfant comme dans sa vivante image.

Maintenant parceque le Bien comme moyen est aussi double, l'un dont nous nous servons, & l'autre dont nous joüissons ; d'ou vient que celuy-là est appellé Utile, & celuy-cy Delectable, en ce que celuy-cy plaist immediatement, & par soy, ou precisement par sa joüissance, & fait naistre le plaisir, & que celuy-la ne plaisant pas immediatement & par soy, sert neanmoins pour obtenir celuy qui plaist par soy ; cela faist aussi qu'on distingue un double Amour, l'un des choses utiles, tel qu'est l'argent, l'autre des choses delectables : Et parceque le bien delectable est ou toujours loüé, & est dit honneste, ou quelquefois blasmé acause que l'on en abuse, & parce qu'il est defendu, & est dit sale & deshonneste ; pour cette raison cette sorte d'Amour, c'est à dire l'amour des choses delectables, est censé estre ou honneste, tel qu'est celuy de la Science, de la Vertu, & des actions vertueuses, ou sale & deshonneste, tel qu'est l'Ambition, ou l'amour insatiable des honneurs, la Gourmandise, & la passion effrenée pour les femmes, qu'on appelle vulgairement *Amour*.

Tout cecy nous fait assez voir où tend, ou comment se doit prendre cette autre division de l'Amour en celuy d'Amitié, & celuy de Concupiscence. Certes cette division vient originairement des Stoïciens qui ne sçachant que repondre aux reproches qu'on leur faisoit de ce qu'ils aimoient les jeunes gens, s'aviserent de dire qu'ils les aimoient d'un Amour d'Amitié, & non pas autrement, sur quoy Ciceron leur fit cette instance: *Car quelle est cette sorte d'Amour d'Amitié qu'aucun de vous n'aime ni un laid jeune homme, ni un beau vieillard?* Mais on l'a depuis distingué autrement, & l'on veut premierement que l'Amour d'Amitié soit celuy par lequel on aime un homme ou une femme pour son bon naturel, ou pour sa vertu ; celuy de Concupiscence lorsqu'on en espere quelque chose davantage. Secondement que l'Amour d'Amitié soit celuy par lequel nous aimons quelqu'un, l'Amour de Concupiscence celuy par lequel nous desirons du bien à la personne aimée, ensorte que la Concupiscence soit une mesme chose avec la Bienveillance. En troisieme lieu, que l'Amour d'Amitié soit celuy par lequel nous aimons quelqu'un, & luy procurons, ou desirons du bien acause de luy-mesme, celuy de Concupiscence par lequel nous aimons quelqu'un de telle maniere que ce ne soit point tant pour luy que nous luy desirions du bien, que pour nous-mesmes, ou en nous regardant nous-mesmes sur qui nous desirons qu'il redonde quelque utilité.

Je ne repete pas qu'il n'y a point d'Amour d'Amitié sans quelque sorte de relaschement sur nous-mesmes, mais ce sera toujours un Amour d'Ami-

DE L'APPETIT. 545

tié pourveu que quelqu'un n'aime pas son Amy pour le gain & pour le profit, car ce seroit un Amour de Concupiscence, mais qu'il l'aime seulement pour cette douceur interieure qu'il gouste lorsqu'il converse avec luy, qu'il luy rend quelques offices qui luy sont agreables, qu'il se sent estre aimé de luy, qu'il luy communique ses desseins comme à un autre soy-mesmé, qu'il se confie en luy, qu'il luy fait du bien quand il peut, & autres choses semblables dont nous traitterons plus au long dans la Morale, où nous montrerons que la Douleur est de telle maniere le souverain mal, que le Vice mesme, & le deshonneur mesme est un mal, parcequ'il a de la douleur qui l'accompagne, ou qu'il doit estre suivy de quelque douleur; ce qui fait que lorsque l'on s'abstient des plaisirs qui sont vicieux, & deshonnestes, & qu'on les fuit, l'on a en veüe quelque douleur soit du Corps, soit de l'Esprit qu'il vaut mieux eviter que de s'abandonner aux plaisirs.

Nous montrerons de plus, qu'il n'y a personne qui n'aime mieux la douleur pour les autres que pour soy ; car lors mesme que quelqu'un affronte la douleur pour un autre, & qu'il soufre effectivement, il fait cela pour eviter une plus grande douleur qu'il prevoit qu'il auroit à essuyer s'il ne souffroit celle-là.

A l'egard de la Hayne du mal comme Moyen, ou comme cause productrice de la Douleur, il est evident qu'il y a de certaines choses qui la produisent immediatement & par soy, & comme causes Physiques, comme sont les Maladies, les Coups, &c. d'autres qui ne la produisent que par occasion, & comme causes Morales, tel qu'est celuy par le commandement ou par le conseil, ou à l'occasion duquel un homme est mal traitté, telle qu'est une action qui est suivie de peine, & de repentir, tels que sont enfin plusieurs maux de ceux qu'on appelle externes, la pauvreté par exemple, le veuvage, l'exil, l'infamie, & autres semblables, entant que ces choses causent de la douleur, non par soy, mais par l'entremise de l'imagination, comme nous montrerons ailleurs. Sibien que l'on peut distinguer deux sortes de Hayne, dont chacune peut derechef estre distinguée en autant d'especes qu'il y a de causes qui produisent de la Douleur soit physiquement, soit moralement.

Pour ce qui est des Signes, & des effets de ces Paſſions, nous ne devons pas nous y arreſter en particulier, cela iroit à l'infiny quand nous ne voudrions toucher que ceux qui marquent l'Amour des Parens à l'egard de leurs Enfans, puis qu'ils ne font preſque rien dans tout le cours de leur vie qui ne le temoigne, & qui ne vienne de là. Ainſi il y a une infinité de choſes qu'un Amant fait à l'occaſion de ſa Maitreſſe, il ſouffre, il pallit, il rougit, il craint, il ſe plaint, &c. c'eſt aſſez de dire en general que le propre de l'Amour eſt de faire que celuy qui aime ait beaucoup d'eſtime pour la choſe aimée, qu'il la loüe, qu'il en diſe du bien, qu'il la frequente, qu'il penſe à elle avec plaiſir, qu'il parle volontiers d'elle, & en entende volontiers parler, qu'il la ſouhaite toujours ſaine & ſauve qu'il la garde, qu'il la conſerve, qu'il s'attriſte de la voir perir, ou ſoufrir quelque perte, qu'il affecte d'eſtre joint à elle, de s'attacher à elle, du moins de preſence d'Eſprit, & d'eſperance, & qu'il ſoit meſme attiré à elle avec tant de force & de violence qu'il entraine auſſi ſon corps vers elle. Le contraire ſe doit dire de la Hayne.

Quant à la maniere dont la choſe aimée attire, & la chose haye repousse, cela depend de ce qui a deja esté dit en son lieu, asçavoir que l'espece ou l'idée de la chose aimée est tissuë de corpuscules qui tombant sur l'organe, & frappant la Phantaisie luy sont agreables, & tournent l'Ame vers la chose qui les a transmis, & la font pancher vers elle, ensorte que l'Ame se porte aussi d'elle-mesme vers la chose, & y entraine le corps avec lequel elle est jointe & adherente: Au lieu que l'espece ou l'idée de la chose haye est tissuë de corpuscules qui tombant aussi sur l'organe, & frappant la Phantaisie luy sont desagreables, & detournent l'Ame de la chose qui les a envoyez, & la repoussent de telle maniere que se retirant naturellement d'elle, elle en retire aussi le corps qui luy est conjoint & adherent.

A l'egard des taches, & des imperfections de la chose aimée qui semblent estre des brillans, & des perfections, cela vient de la disposition de la Phantaisie que l'accoûtumance de recevoir l'espece des taches avec tout le reste de l'espece qui flatte extremement, affecte de telle maniere, & change de telle maniere sa contexture qu'elle flatte aussi elle-mesme ensuite, ou est receüe agreablement, & plaist. Et au contraire les perfections de la chose haye paroissent comme autant de taches, parceque l'accoûtumance de recevoir leur espece avec le reste de l'espece qui est rude, affecte de telle maniere la Phantaisie qu'elle ne peut aussi desormais entrer dans la Phantaisie que rudement, & desagreablement.

CHAPITRE V.

De la Cupidité, & de la Fuite.

ENcore que l'Amour, & la Cupidité, ou si vous aimez mieux, la Volonté, le Desir, le Souhait, la Convoitise, l'Appetit, l'Avidité, &c. semblent se prendre souvent pour la mesme chose, entant que l'une & l'autre Affection ou Passion tendent à la chose bonne, ou qui est capable d'engendrer du plaisir ; ils different neanmoins en ce que l'Amour precede, & que la Cupidité survient (car on aime premierement le bien connu, & puis on le souhaitte) & en ce que la Cupidité se porte seulement vers le bien à venir, ou absent, d'ou vient que le bien estant devenu present elle s'evanoüit, au lieu que l'Amour se porte indifferemment vers le bien soit à venir, soit present, soit passé, comme si l'Amour ne regardoit precisement que la faculté d'engendrer le plaisir qui est dans le bien, & la Cupidité la seule generation du plaisir qui n'est pas encore, mais qui peut estre.

Ainsi, quoyque la Hayne, & la Fuite, ou si vous aimez mieux, l'Aversion, l'Indignation, l'Horreur, &c. semblent aussi se prendre d'ordinaire pour la mesme chose, en ce que l'une & l'autre Passion nous porte à nous retirer de la chose mauvaise, ou qui est capable d'engendrer de la douleur, ou du deplaisir, elles different neanmoins en ce que la Hayne precede, & que la Fuite accompagne (car nous hayssons premierement le mal, & puis nous le fuyons, ou ne voulons pas qu'il nous vienne) & en ce que la hayne est du mal soit absent, soit present, & la fuite est du mal à venir ou absent, comme si la hayne sembloit ne regarder precisement dans le mal que la faculté d'engendrer la douleur, & la fuite la seule generation du mal qui soit possible.

C'est pourquoy la Cupidité semble n'estre autre chose qu'une Passion par laquelle l'Ame tend de telle maniere à la chose qui paroit bonne, & qui est absente qu'elle aspire avec ardeur à l'avoir, & à en joüir : Et la Fuite au contraire semble n'estre autre chose qu'une Passion, par laquelle l'Ame fuit de telle maniere la chose qui paroit mauvaise, & qui est absente, qu'elle se tient constamment tournée à l'opposite pour l'eviter.

La nature de la Cupidité se connoitra plus clairement en la divisant avec les Anciens en Naturelle laquelle est ou necessaire ou non-necessaire, & en Vaine & inutile. Cette division suppose que toute Cupidité naist de l'indigence, mais que cette indigence est ou vraye, & naturelle, ou vaine & fondée sur la seule opinion, ou sur le seul prejugé. Il n'est pas necessaire de repeter ce que nous avons deja dit en son lieu, sçavoir que de mesme que la Douleur naist & s'engendre de ce que la chose est tirée de l'estat naturel, ainsi le Plaisir naist & est engendré par le retablissement dans cet estat. C'est assez d'observer que de ce que l'Animal est souventefois tiré de l'estat naturel, il naist en luy de la douleur une indigence d'estre restably dans ce mesme estat, & consequemment une Cupidité ou un desir de la cause qui fait ce restablissement.

C'est ce qui paroit principalement dans la Faim, & dans la Soif. Car par ce que le Corps par l'action devorante de la chaleur est tiré de la constitution dans laquelle il est bien, & que la douleur naist, & s'engendre de cette espece de tiraillement qui se fait dans le Ventricule, & dans la Gorge, il naist un sentiment d'indigence pour une chose qui puisse appaiser cette douleur, & retablir le Corps dans l'estat qu'il estoit auparavant ; d'ou vient qu'il naist conjointement une Cupidité pour le manger, & pour le boire par le moyen desquels le restablissement se fasse, & le tiraillement, la douleur, ou le sentiment d'indigence soient ostez.

J'apporte un exemple dans la Faim, & dans la Soif qui sont des Cupiditez naturelles, pour insinüer la raison generale par laquelle la Cupidité est excitée; & faire remarquer qu'il n'y en a aucune qui ne naisse de l'indigence soit vraye, soit supposée. Car les Cupiditez naturelles, & necessaires estant à l'egard des choses

choses sans lesquelles la vie ou ne se peut absolument passer, ou ne se peut passer qu'avec incommodité, telle qu'est la Cupidité des alimens, & des vestemens; il est constant que l'indigence qui engendre ces Cupiditez est vraye, & naturelle, puisqu'elle se fait sentir avec douleur ou deplaisir, mesme sans qu'on y pense.

De plus, les Cupiditez naturelles mais non-necessaires, estant à l'egard des choses qui peuvent veritablement contribuer à la Vie, mais sans lesquelles toutesfois la Vie se peut soûtenir sans incommodité, telles que sont les Cupiditez des mets trop delicieux, des vestemens trop riches, ou des meubles trop precieux; il constant qu'elles naissent veritablement en partie d'une vraye & naturelle indigence, entāt qu'il y a quelque chose dont la nature a effectivement besoin, & sans laquelle elle ne peut estre, mais qu'elles naissent aussi en partie, & principalement d'une indigence qui n'est fondée que sur l'opinion, entant que l'on pense à se servir d'une chose dont on se pourroit absolumét passer, & en la place de laquelle on en pourroit substituer une plus simple qui suffiroit.

Enfin les Cupiditez vaines estant à l'egard des choses qui ne sont point absolument necessaires pour la vie, ni pour la passer plus commodement, telles que sont les Cupiditez des Couronnes, des Statues & autres choses semblables, il est constant qu'elles naissent d'un pur prejugé, entant que la Nature n'en a point besoin, mais que c'est l'opinion qui se figurant ces choses bonnes, tient leur absence pour une indigence, desorte que tout le deplaisir qui naist de cette indigence, vient de la seule opinion. Il est donc vray que non seulement les Cupiditez naturelles, mais que celles-là mesme qui sont vaines provienent de l'indigence ; personne ne desirant des Statues, des Couronnes, des Triomphes, des honneurs, de grandes richesses, & autres choses semblables, que parcequ'il s'imagine qu'il en a besoin pour pouvoir vivre plus spendidement, plus commodemét, & par consequét avec plus de plaisir.

Cecy nous fait voir clairement pourquoy les Cupiditez naturelles se peuvent aisement satisfaire, & comment il n'est pas possible d'assouvir les Cupiditez vaines ; car comme la Nature a besoin de peu de choses, & de choses qui

DE L'APPETIT.

se rencontrent aisement, cela fait que ce qu'elle desire, & ce qui la satisfait se termine à peu de choses, & qui est facile à obtenir ; mais rien n'est capable de satisfaire l'opinion, parceque la pensée ne se termine point tellement à une chose, qu'elle ne remonte, & ne s'eleve incontinent à une autre dont on s'imagine avoir besoin, de celle-là à une autre, & ainsi à l'infiny, sans que la Cupidité qui s'est une fois formée puisse jamais estre satisfaite & rassasiée.

Cecy nous fait encore voir à l'egard des Cupiditez naturelles mais non-necessaires, que ces sortes de Cupiditez peuvent par où elles ne sont pas necessaires estre censées vaines, & qu'elles peuvent croistre à l'infiny, desorte qu'il n'y a que les seules Cupiditez naturelles, & necessaires qu'il soit aisé de satisfaire, & qu'on puisse contenter de peu. Car elles tirent leur origine de la Nature seule, & ne dependent pas de l'opinion, ou si elles en dependent, c'est entant que l'Opinion s'accommode à la Nature, & qu'elle se restraint, & se reduit à elle seule. Car non seulement la Faim qui s'excite sans opinion est une Cupidité naturelle de manger, mais la Cupidité d'avoir à manger dans son temps est aussi naturelle, ce que l'opinion anticipe par la prevision de la Faim, & non seulement celle-là, mais encore la Cupidité d'avoir de l'argent necessaire pour acheter de quoy manger, si l'on n'en peut trouver que par le moyé de l'argét.

Au reste, les Cupiditez naturelles, & necessaires sont en petit nombre; car il n'y a que celles qui regardent la conservation, & l'integrité de l'Animal, & qui regardent par consequent les choses qui chassent la Faim, la Soif, le Froid, & generalement la Douleur qui ne depend pas de l'opinion: Les naturelles mais non-necessaires sont en bien plus grand nombre; car non seulement celles des mets trop exquis, des vestements trop ajustez sont de cette nature, mais encore celle qui regarde Venus, & qui est d'ordinaire appellée du nom de Convoitise, & puis celles des choses qui repaissét les autres Sens, comme celle des Odeurs, des Sons, & des Couleurs agreables; car c'est veritablemét une chose naturelle de vouloir estre delivré du mal que nous fait une mauvaise odeur, un mauvais son, une vilaine couleur, mais il n'est pas pour cela necessaire de sentir des choses douces & agreables. A quoy se peut rapporter la Cupidité de sçavoir, entant qu'il est veritablement naturel de vouloir chasser l'Ignorance qui est une indigence de Science, & principalement des choses qui sont necessaires & utiles pour passer la vie, mais il n'est pas pour cela necessaire de sçavoir tant de choses que les hommes cependant desirent d'ordinaire de sçavoir.

Enfin les Cupiditez vaines sont innombrables, asçavoir selon la diversité innombrable des choses qui ne sont pas necessaires, & qui ne touchent ou n'affectent pas la Nature, entre lesquelles les deux principales sont la Cupidité d'honneur, de gloire, & la Cupidité des richesses, & de l'argent qu'on nomme d'ordinaire du nom d'Ambition, & d'Avarice.

Ie ne m'arresteray pas aux autres Divisions de la Cupidité, & de la Fuite, & nommement à celle par laquelle on dit qu'il y a des Cupiditez du Corps, ou de la partie brutale & inferieure, & qui retiennent presque le nom de Concupiscence, de Passion effrenée, &c. & des Cupiditez de l'Esprit, ou de la partie raisonnable & superieure, & qu'on comprend sous le nom de Volonté, & de Desir ; je me contenteray de dire un mot de celles qui regardent particulierement autruy, telles que sont la Bienveillance, & la Malveillance, l'Envie, l'Emulation, & la Ialousie.

La Bienveillance n'est autre chose qu'une Passion par laquelle nous souhaittons qu'il arrive quelque bien à celuy que nous aimons, & la Malveillance une Passion par laquelle nous desirons qu'il arrive quelque mal à celuy que nous hayssons.

L'Envie est une espece de Malveillance entant que nous sommes faschez qu'il arrive du bien à celuy que nous n'aimons pas, ou que nous hayssons, ce qui est luy vouloir du mal.

L'Emulation est une Passion par laquelle on ne veut pas qu'il arrive à un autre un bien qu'on se desire plutost à soy-mesme ; car c'est un desir d'oster à un autre, ou d'emporter sur un autre un bien auquel cet autre tend comme nous.

La Ialousie est une Passion par laquelle nous sommes faschez, ou ne pouvons supporter qu'un autre jouïsse du bien dont nous jouïssons.

Quant aux Signes & aux Effets de la

Cupidité, & de la Fuite, il y en a principalement & generalement deux qui regardent la Cupidité, afcavoir l'Inquietude, & la Pourfuite, & deux qui regardent la Fuite, fcavoir l'Inquietude & la Retraite ou l'eloignemét. Car l'Inquietude eft à la Cupidité comme une proprieté interne, & infeparable: Et la Pourfuite eft quelque chofe d'exterieur qui depend de cette motion interne, & qui comprend tout ce que l'Animal entreprend, & fait pour obtenir le bien defiré. En effect l'Ame eftant excitée & meüe par l'efpece de l'objet, & portée par la Cupidité comme par de certaines ailes vers cet objet, la faculté motrice obeït de telle maniere que felon que la Cupidité eft foible, ou vehemente il s'enfuit des mouvemens ou foibles, ou vehemens par le moyen defquels on puiffe parvenir à la chofe aimée, & en pouvoir joüir.

Nous pourrions icy exaggerer avec Platon l'impetuofité avec laquelle l'Animal fe porte à ce dont il a befoin pour contenter fa Cupidité naturelle, mais admirons plutoft comment il n'y a rien que les hommes ne faffent pour affouvir leurs vaines Cupiditez; car l'opinion fe feint une indigence qui quoy qu'imaginaire a autant de force que la naturelle, ce qui fait que la Cupidité s'enflamme de mesme, & que par un emportement aveugle on tente toutes choses de la mesme maniere: Et certes, que n'entreprenent point, par exemple l'Ambition & l'Avarice, la Passion effrenée de la gloire, & des richesses?

——— Quid non mortalia pectora cogis
Auri sacra fames? ———

Et que ne fait-on point pour fuir la pauvreté?

Impiger extremos currit Mercator ad Indos,
Per mare pauperiem fugiens, per saxa per
 igneis.

La Cupidité est dans les hommes comme la machine principale qui excite tous leurs mouvemens, & qui donne le branfle à leurs actions.

CHAPITRE VI.

De l'Esperance, & de la Crainte, de l'Audace, & de la Pusillanimité.

L'Esperance, & la Crainte se doivent considerer comme deux Passions opposées, ou contraires, car quoy que le Defefpoir femble eftre oppofé à l'Efperance, il eft neanmoins plutoft oppofé a la Confiance ou Affeurance, comme nous dirons en fuite.

Elles conviennent avec la Cupidité & la Fuite en ce qu'elles regardent auffi le Bien, & le Mal à venir ou abfent, & elles en different en ce que la Cupidité, & la Fuite font en foy quelque chofe de plus fimple; car la Cupidité eft comme une fimple afpiration vers le bien, & l'Efperance comme une certaine elevation de l'Ame vers le bien acaufe de l'opinion qu'elle a que ce bien doit arriver : Et de mefme la Fuite eft comme une fimple retraite du mal, & la Crainte un certain abbattement, & un certain refferrement acaufe de l'opinion furajoûtée que le mal arrivera. Cependant comme il ne fe trouve prefque jamais que la Cupidité foit fans l'Efperance, ou l'Efperance fans la Cupidité, ces deux Paffions font comme une Paffion compofée de l'une & de l'autre. Et il en eft de mefme de la Fuite, & de la Crainte entant qu'elles font auffi comme infeparables.

Ariftote enfeigne que la Crainte eft à l'egard des chofes qui caufent de grandes fafcheries, de grandes douleurs, ou la Mort mesme, & qui paroissent non comme eloignées, mais comme prestes à tomber sur la teste; car tous les hommes, dit-il, sçavent veritablement bien qu'ils mourront un jour, mais ils n'en font pas conte, parcequ'ils ne croyent pas que la Mort soit proche. Cependant cecy ne se doit entendre que de la crainte qui est tres grande; car la crainte generalement comprend aussi les choses qui doivent causer de legeres incommoditez, & l'on craint mesme la Mort toutes les fois qu'on y pense serieusement, quoy qu'on la croye eloignée; il est vray que les hommes ne paroissent pas, & ne croyent presque pas mesme la craindre, acause qu'il intervient continuellement des choses qui par leur presence meuvent davantage, & divertissent la pensée à d'autres choses.

Quoy qu'il en soit, l'on peut, ce semble, entendre de tout cecy quelle est cette motion d'esprits que l'Esperance surajoûte à la Cupidité, & la Crainte à la Fuite. Car premierement l'image du bien frappe la Phantaisie, & puis l'opinion qu'on a qu'il peut causer du plaisir survenant & faisant impression, les esprits sont transmis au Cœur, & l'Ame pous-

DE L'APPETIT. 563

sée, & excitée par ces esprits tend, & aspire vers ce bien comme pour tascher de l'obtenir, en quoy consiste la Cupidité; mais parcequ'a cette opinion il en survient une autre, ascavoir que ce bien peut non seulement causer du plaisir, mais qu'il en causera effectivement, acause de certains moyens qu'on pense, & dont on espere de se servir, pour lors les esprits viennent en telle abondance, & de telle maniere au Cœur, que l'Ame n'aspire plus simplement comme elle faisoit vers le bien, mais qu'elle l'atteint, pour ainsi dire, le tient comme sien, se le rapporte par avance, & comme si elle emportoit deja la depoüille, saillit, & s'eleve. Ainsi lorsque l'image du mal, & l'opinion qu'il peut causer de l'incommodité a frappé la Phantaisie, les esprits sont veritablement transmis au Cœur, & l'Ame poussée, & excitée tourne, pour ainsi dire, le dos au mal & se retire, en quoy consiste la Fuite; mais l'opinion survenant que ce mal doit aussi effectivement causer de la douleur, il se transmet de nouveau des esprits au Cœur en telle abondance, & de telle maniere que l'Ame estant comme assiegée, & picquée de tous costez, elle se tient comme prise par le mal,& cóme si elle en estoit oppressée par avance, & qu'elle ne pust plus s'eloigner tout droit, ou en droite ligne, elle rentre en elle-mesme, & se resserre.

L'on peut, ce semble, encore entendre de ce qui a esté dit, d'ou vient que quelques-uns sont faciles à esperer, & quelques-uns faciles à craindre. Car cóme ceux-là esperent facilement, ou qui par l'experience connoissent que les difficultez que ceux qui ne sont pas experimentez craignent ne sont rien, ou qui par la ferveur soit de l'âge, soit de leur propre constitution, soit du vin, ou de la Colere, ou de l'Amour, ou de quelque autre Passion, sont de telle maniere emportez qu'ils ne considerent pas les difficultez, ou croyent qu'ils ont de quoy les surmonter par leur propre force, par leurs amis, par leurs richesses, ou qui estant pieux regardent la Bonté & la Toute-puissance Divine, & se confient sur leur bonne conscience, comme n'ayant point fait de mal à personne, ni sur tout fasché ceux qui sont les plus puissans, ou les plus emportez: Comme ceux-là, dis-je, esperent aisement, il est constant que cela ne vient que de ce que l'espece du bien desiré meut plus fortement la Phantaisie que ne font les especes des difficultez : Et comme les autres craignent aisement pour des raisons cõtraires, comme par exemple si quelqu'un a fait des experiences qui luy ayent fait connoitre des difficultez, ou que faute d'experience il s'en fasse où il n'y en a point, ou qu'il ne connoisse pas de quelle maniere il les faut surmonter ; s'il est d'une telle lenteur, soit par la froideur de son temperament, de son âge, ou autrement, que considerant toutes choses trop scrupuleusement il devient paresseux à assaillir de bonne heure les difficultez qui cependant viennent à presser;s'il ne se croit pas avoir assez de forces, assez d'Amis, ou de richesses pour vaincre les difficultez ; si estant impie il croit que Dieu ne luy sera pas propice, ou plutost qu'il luy sera contraire;s'il a offensé des personnes qui soient capables de se vanger, ou qui ne le veüillent pas davantage defendre, & ainsi de plusieurs autres choses qu'Aristote observe:Comme ceux cy, dis-je,craignent aisement,il est constant que cela se fait parceque l'espece du mal meut plus fortement la Phantaisie que ne font les especes des moyens pour l'eviter.

Or j'ay dit que le Defefpoir eft plutoſt oppoſé à la Confiance qu'a l'Eſperance, parce qu'entant qu'oppoſé à l'Eſperance ce n'eſt qu'une pure privation de l'Eſperance, & qu'entant qu'oppoſé à la Confiance c'eſt une Paſſion poſitive; la Confiance ou plutoſt l'Aſſeurance, & la Seureté n'eſtant autre choſe qu'une Eſperance conſommée, c'eſt à dire certaine & indubitable, & fondée ſur les raiſons qui montrent que le bien qui doit arriver ne ſe peut pas empeſcher, & le Defefpoir n'eſtant autre choſe qu'une Crainte conſommée, c'eſt à dire certaine & indubitable, acauſe des raiſons qui montrent evidemment que le mal eſt inevitable.

Ainſi, lorſque les raiſons qui montrent que le bien doit arriver, ou que le mal ne doit pas arriver prevalent, l'Eſperance domine; & au contraire la Crainte domine lorſque les raiſons qui montrent que le bien ne doit pas arriver, ou que le mal doit arriver prevalent; mais lorſque les raiſons ſont egales de part & d'autre, & que ſelon que l'Entendement prend garde aux unes, ou aux autres, celles-cy, ou celles-là prevalent, il naiſt une Paſſion meſlée d'Eſperance

& de Crainte qu'on peut appeller Inquietude, Balancement, *Fluctuatio*.

Au reste, l'on divise d'ordinaire l'Esperance en vraye & legitime, ou qui est fondée sur une raison vraye & solide, & en vaine & frivole, ou qui n'est fondée que sur des raisons chymeriques : Et le mesme se doit dire de la Crainte, desorte que comme l'Esperance est souvent trompeuse, la Crainte est aussi assez souvent vaine, & sans effet, quoy qu'il arrive quelquefois acause des evenemens fortuits, que les Esperances legitimes trompent, & que les Craintes justes & raisonnables sont sans effet.

L'on divise encore l'Esperance, & la Crainte en grande, & en petite, en grande, plus grande, & tres grande. Où il faut remarquer que l'Esperance en montant se termine à la Confiance ou Assurance seule, mais que la Crainte en montant ne se termine pas au Desespoir seul; car on la divise en plusieurs autres celebres especes, par exemple, en Terreur, que Ciceron definit une Crainte ebranlante, ou qui est suivie de Palleur, de Tremblement, & de Craquement de dents, & quelquefois de palpitation de Cœur, de mouvemens convulsifs de la levre inferieure, ou d'une certaine consternation qui fait que les sourcils s'abbaissent, que les yeux se ferment, que tout le Corps tombe & s'abbat, ou d'un certain Etourdissement qui fait que les poils se dressent, & que la parole se trouve empeschée.

Obstupui, steterúntque Coma, & Vox faucibus hæsit.

Maintenant le principal Effet de l'Esperance est une certaine Elevation, ou un relevement d'Esprit, & une gayeté à agir; car comme l'Esperance est un pressentiment du plaisir à venir, cela fait qu'elle tient l'Esprit elevé, droit, & comme tendu, & prest pour la joüissance: Et parceque, comme l'on dit d'ordinaire, il n'y a nul bien sans peine, *Dij laboribus omnia vendunt*; pour cette raison elle est comme l'adoucissement des travaux, assaisonnant les incommoditez d'une certaine douceur qu'on gouste côme par avance, & disposant de telle maniere l'Esprit à faire tout ce qui est necessaire, qu'il devient dispos & prompt à executer. C'est pour cela que l'Esperance nourrit, & entretient non seulement les Laboureurs, comme dit le Poëte, mais tous les Hommes generalement, quelque chose qu'ils entreprenent, puisqu'ils ne font rien que par l'esperance de la recompense, de la gloire, ou de quelque autre chose dont il se puisse moissonner du plaisir.

Un autre Effet de l'Esperance est l'Inquietude, car ceux qui esperent ont accoûtumé de supporter impatiemment le retardement, & d'estre inquiets; neanmoins cette inquietude ne vient precisement pas de l'Esperance, mais en partie de la Cupidité qui demeure toujours insatiable, comme il a esté dit, & en partie de la Crainte qui survient que tandis que le bien est differé il n'intervienne quelque chose qui le detourne; aussi l'Esperance selon soy tempere plutost l'Inquietude, lorsqu'elle suggere que la Cupidité ne sera pas en vain, & qu'elle s'oppose à la Crainte qui se presente. De là vient qu'il n'y a aucune Passion de l'Esprit qui soit plus innocente, & plus convenable que l'Esperance à la considerer selon soy, ou selon sa nature. Je dis selon soy, parceque par accident, & entant que la Cupidité trop grande, & inconsiderée la rend asseurée, elle peut avoir cela de mal, que l'Entendement ne se prenne pas assez garde de ces accidens qui font l'Esperance vaine, & qui causent souvent un repentir tardif.

L'Effet principal de la Crainte est au contraire un certain abbattement d'Esprit, & une certaine lenteur à agir. Car la Crainte, comme disoient aussi les Anciens, est une certaine fascherie avancée *Præmolestia quædam*, & qui tient par consequent l'Esprit abbatu par un pressentiment de l'incommodité qui doit arriver. Elle rend aussi l'Esprit lent, parceque la peine, & l'inquietude qu'on a pour eviter le mal est pareillement fascheuse, & est reputée un plus grand mal que le mal mesme qui doit venir. Il est vray neanmoins que plusieurs choses semblent se faire gayement, & avec un courage deliberé acause de la Crainte, mais ce n'est point tant la Crainte qui excite, & qui porte à agir que l'Esperance qu'on a de detourner le mal qu'on craint par l'action. Car la Crainte de soy abbat plutost qu'elle ne donne du cœur: Aussi voyons-nous que lorsqu'il n'y a aucune esperance d'echapper du mal, & qu'ainsi il se fait une grande Crainte, tant s'en faut alors que la Crainte ajoûte du courage, qu'elle l'oste-mesme tout-afait, en sorte qu'on tombe dans l'Etonnement, & dans la Consternation, & dans ces autres especes de grandes craintes ; d'où il est visible qu'il n'y a point de Passion plus dangereuse & plus nuisible que la Crainte, quoyque par accident, & acause de l'envie qu'on a d'eviter le mal, elle soit quelquefois cause que l'Entendement consulte & cherche des moyens pour detourner le mal, ou pour le diminuer, ou pour le faire soufrir plus doucement.

Or parcequ'on a accoûtumé de sousdiviser ces Especes de grande Crainte dont nous avons parlé à raison des divers effets, il faut icy remarquer que la cause generale des effets est l'impression vehemente du mal laquelle se fait dans la Phantaisie, & selon laquelle les esprits envoyez au Cœur le poussent, le picquent, & le font retirer en luy-mesme de telle maniere qu'il s'arreste, & que son action, ou motion continue est fort interrompue, ou entierement empeschée. Car il s'ensuit de là que le sang, & par consequent la chaleur n'influant plus de mesme dans les Arteres, & que ne passant plus de mesme aux parties externes, & specialement à la face, il s'ensuit, dis-je, que les membres, & principalement le visage, deviennent pasles, & que la chaleur manquant ils se refroidissent, & qu'estant refroidis ils ne sont soutenus & gouvernez que foiblement, & qu'ils tremblent ensorte qu'il arrive mesme quelquefois que les Sphincteres estant debilitez, le Ventre & la Vessie se laschent, & quelquefois mesme encore les orifices des Veines qui sont dans le fond du Nez. Car si d'ailleurs ceux qui sont saisis de Crainte ont soif, ce qu'Aristote a remarqué dans ceux qui doivent souffrir des tourmens, cela vient à mon avis, de ce que le Sang ne coulant plus à l'ordinaire, le dedans de la gorge n'est plus arrosé de mesme, & demeure sec, & aride.

Or la Poitrine specialement tremble, non seulement acausé du mouvement du Cœur qui est interrompu, mais principalement aussi acause du Diaphragme qui estant affligé par le voisinage du Cœur, & ne pouvant pas s'arrester à l'ordinaire vers l'Abdomen, fait la respiration plus courte, & rend la voix tremblante; de telle maniere que la region du Cœur sent une agitation extraordinaire qui par sympathie se communique aux parties voisines, & principalement aux bras, & à la machoire inferieure, laquelle tremblant d'ailleurs de foiblesse, fait frapper les dents les unes contre les autres; la levre inferieure, & non pas la superieure estant aussi meüe par la mesme raison, non que la superieure ne soit aussi mobile, mais parceque selon l'observation mesme d'Aristote la superieure pend en bas où sa nature l'incline, & l'inferieure n'est affermie, & tenüe en repos vers le haut que par le moyen de la chaleur.

Que si une Crainte trop vehemente ebranle l'Entendement, & dissipe les pensées, cela vient de la vehemence de l'impression, entant que l'espece du mal trouble, & occupe de telle maniere la Phantaisie, qu'il n'y a plus moyen de raisonner, ni de prendre conseil.

C'est aussi la force de l'impression qui cause cet Etourdissement ou Étonnement dont l'Ame est tellement saisie qu'elle ne s'applique plus ni à voir, ni à entendre, ni à parler, ni à faire aucune autre chose.

C'est encore cette force qui fait dresser le poil, parceque la peau destituée de chaleur devenant comme glacée, les petis pores d'ou sortent les poils se resserrent de telle maniere que ne recevant plus l'influence de la chaleur qui s'insinuoit le long de leurs petis canaux, ils deviennent roides, & sont dressez par la compression qui se fait à leur racine.

Elle est mesme quelquefois si violente qu'elle fait blanchir les cheveux en une nuit: Car de mesme que par la Vieillesse les poils recevant moins de nourriture deviennent plus secs,& plus arides acause des rides, & du resserrement des petis pores, & leurs petites surfaces plus polies, & plus capables de rendre ou renvoyer la lumiere, qui sont les conditions que nous avons dit estre necessaires pour qu'une chose paroisse blanche ; ainsi il peut arriver que ce que la froideur de la Vieillesse, qui ne s'introduit que peu à peu, fait à la longue, un froid causé par une grande peur le fasse en un moment.

Enfin l'impression peut estre tellement forte & violente, que l'on en perde le Sens, & que la Mort mesme s'en ensuive, le Cœur estant entierement troublé dans sa fonction, les esprits Vitaux ne s'engendrant plus faute de mouvement, la chaleur manquant par la mesme raison, & le froid s'emparant non seulement des extremitez, mais encore des parties mesmes interieures.

L'Audace ou le Courage suit l'Esperance & l'Assurance, & la Pusillanimité ou Lascheté suit la Crainte & le Desespoir. Car lorsque nous esperons fortement, & que nous-nous promettons de surmonter par nos efforts les difficultez qui se presenteront, & d'obtenir le bien, ou d'eviter le mal, pour lors nous devenons courageux, & prenons des forces & des esprits pour entreprendre: Mais lorsque nous craignons, ou que nous desesperons absolument d'obtenir le bien, ou d'eviter, ou si vous voulez de surmonter le mal, pour lors nous perdons courage, & nous devenons lasches, & paresseux à agir: Sibien qu'on peut dire que l'Audace est une Passion par laquelle l'Ame s'excite, & se porte à combatre les difficultez, ou les maux qu'elle croit pouvoir surmonter: Et la Pusillanimité une Passion par laquelle l'Ame s'abbat ou retombe, pour ainsi dire, en elle-mesme, & refuse de luiter avec les difficultez ou les maux qu'elle ne croit pas pouvoir surmonter.

Ainsi il semble veritablement que l'Audace tend directement au mal, c'est à dire aux difficultez, aux travaux, & aux incommoditez ; mais parcequ'elle y tend comme à des moyens ou pour obtenir le Bien, comme la Victoire, la Gloire, le Commandement, les Richesses, &c. ou pour eviter le Mal, comme les pertes, l'infamie, la servitude, la pauvreté, la Mort, ou mesme pour surmonter un mal, ou lorsqu'on y est tombé, pour s'en tirer en s'elevant par exemple de la misere à une meilleure fortune, de la servitude à la liberté, de la pauvreté à l'opulence, de l'incertitude de la vie à la seureté ; pour cette raison on peut dire qu'elle tend au bien par soy, c'est à dire qu'elle se propose le bien comme son but, puis qu'eviter le mal tient mesme lieu de bié.

Il semble au contraire que la Coüardise, ou la Pusillanimité fuit directement le bien qui en se comportant genereusement se pourroit obtenir (contant toujours pour bien d'eviter un plus grand mal) mais en effet elle fuit le mal lequel est plus present, & plus proche, asçavoir la peine qui est necessaire pour obtenir le bien.

Et certes lors mesme qu'un homme courageux semble poursuivre un bien qu'il doute de pouvoir obtenir, il regarde de un autre bien qu'il espere acquerir, asçavoir la gloire qui suit de ce que dans les grandes choses c'est assez d'auoir osé; & de mesme, lorsqu'il combat contre un mal d'ou il voit qu'il ne se pourra pas tirer, comme lorsqu'il est au milieu des Ennemis; il regarde la gloire qu'il espere qui luy viendra de n'avoir pas cedé à un mal present, & n'ayant aucune esperance de se sauver, d'avoir au moins vendu sa vie bien cherement.

Ainsi lorsqu'un homme de peu de courage semble fuir le mal qu'il ne desespere pas de pouvoir eviter, ou fuir le bien qu'il ne desespere pas de pouvoir obtenir pourveu qu'il vueille se donner de la peine & s'efforcer, il regarde comme quelque plus grand mal d'obtenir de soy & de son naturel de s'elever & de se comporter genereusement, & il croit qu'il est beaucoup meilleur de succomber mollement que de surmonter avec peine, & avec travail.

Au reste, quoyque l'Audace se prenne presque en mauvaise part, on peut neanmoins conter entre ses especes la Temerité, & la Magnanimité: La Temerité, lorsque quelqu'un inconsiderement, & & par une vaine esperance, ou par trop de confiance, & fans avoir aucun egard à la difficulté, & au peril fe commet à tout, & entreprend quelque chofe que ce foit avec precipitation, fans raifon, & fans mefurer fes forces : La Magnanimité, lorfque quelqu'un ayant meurement confideré toutes chofes, & ayant conceu une efperance raifonnable, s'expofe fagement au peril, & combat genereufement. De là vient qu'il y a cette difference entre l'une & l'autre, que le repentir fuit d'ordinaire la Temerité, & la conftance la Magnanimité ; & que le temeraire prompt à entreprendre eft lent dans l'execution, au lieu que le magnanime plus lent à entreprendre eft plus courageux dans l'execution ; celuy-là tombant dans des malheurs impreveus, & celuy-cy ayant deja premedité & executé toutes chofes en fon Efprit.

De mefme, quoyque la Pufillanimité fe prenne d'ordinaire en mauvaife part, l'on en peut neanmoins auffi diftinguer deux efpeces, la Lafcheté ou l'Infenfibilité, & la Patience: La Lafcheté ou Stupidité, lorfque quelqu'un eft tellement infenfible, pareffeux, & fe defiant de fes forces, qu'il n'a pas la hardieffe de rien confulter, & de tenter s'il n'y auroit point quelque moyen de surmonter la difficulté & le peril : La Patience, lorsque quelqu'un ayant prudemment consulté la chose, & reconnoissant que s'il combattoit ce seroit en vain, & mesme avec plus de perte, & de domage, il se fortifie tellement l'Esprit qu'il soufre constamment ce qui ne se peut eviter.

L'on peut encore distinguer deux especes d'Audace, l'Insolence, & l'Impudence, & deux especes de Pusillanimité, l'Humiliation, & la Pudeur. L'Insolence est lorsque quelqu'un se vante outre mesure, qu'il rabaisse les autres, & que sans qu'ils l'ayent attaqué, il les insulte soit par affronts, soit par injures : D'ou vient que non seulement l'Ostentation, la Vanité, ou la Vanterie se peuvent rapporter icy, mais generalement encore la Superbe, la Fierté, l'Effronterie, l'Arrogance, &c. L'Impudence est lorsque quelqu'un sans avoir aucun egard à la bienseance, & sans avoir aucune crainte d'infamie, s'emporte à dire, & à faire toutes choses.

L'Humilité au contraire est lorsque quelqu'un se resserre tellement qu'il se mesprise & se rabbaisse outre mesure, elevant en mesme temps les autres par trop, & les flattant, ou les careſſant ſoit de paroles, ou autrement: D'où vient que l'on peut icy rapporter, non certes cette vertueuſe & religieuſe Humilité, mais celle qu'on appelle Baſſeſſe d'Eſprit, & meſpris exceſif de ſoy meſme, Complaiſance, Flaterie, Feintiſe, Deguiſement, Faux-ſemblant.

Pour ce qui eſt de la Pudeur, comme Ariſtote la definit *Vne crainte d'infamie*, & Agellius *La crainte d'une juſte reprehēſion*, elle peut eſtre priſe en deux façons: L'une entant qu'elle eſt Vertu, & alors ce n'eſt point tant une crainte qu'une precaution qu'on a de ne dire, ou de ne faire rien contre l'Honneſteté d'ou la Renommée puiſſe eſtre bleſſée, & d'ou l'on puiſſe encourir une juſte reprimende; deſorte que c'eſt preſque la meſme choſe que la Retenüe *Verecundia*, l'Ingenuité, la Modeſtie: L'autre entant que c'eſt une Paſſion par laquelle quelqu'un conſiderant que ſa renommée eſt en danger, ou ſe va perdre pour avoir dit, ou fait quelque choſe de deshonneſte, rougit de confuſion; & de meſme lorſque quelqu'un a auſſi de la confuſion, & qu'il rougit pour voir faire quelque choſe de deshonneſte devant ſoy, ou pour entendre dire ses loüanges, & principalement lors qu'il ne s'y attend pas; auquel cas ce n'est point aussi tant une crainte, que la confusion mesme née non seulement de l'opinion de l'infamie à venir, mais aussi principalement de l'infamie presente, & sur tout dans celuy qui dit, ou fait quelque chose de deshonneste.

Car dans celuy qui a honte pour avoir veu commettre à un autre quelque chose de deshonneste, la confusion naist de ce que cet autre a eu si peu de soin de sa renommée, & si peu de consideration pour ceux qui sont presens, & specialement pour luy dont il eust deu faire plus d'estime : Et dans celuy qui entend ses loüanges, elle naist de ce qu'il n'est pas preparé à supporter les yeux de ceux qui estant presens les vont tournant vers luy sans les pouvoir toutefois detourner.

Ajoutons qu'Aristote dans ses Morales a veritablement defini la Pudeur *Vne crainte d'infamie*; mais que dans sa Rhetorique il la definit *Vne certaine douleur, & une certaine confusion à l'egard des choses qui semblent blesser la renommée* : Où par ce mot de confusion il indique la cause de la rougeur. Car la rougeur peut venir de ce que la Phantaisie estant troublée, & que les esprits estant portez du Cerveau au Cœur en trouble & en confusion, le sang s'echauffe & boüillonne pour ainsi dire dans le Cœur, d'ou il est transmis avec une telle abondance, & impetuosité jusques aux petites arteres du visage, que les petites venules qui le doivent reporter de là au Cœur ne sont pas suffisantes, desorte qu'estant comme debordé dans la face, elle devient rouge.

CHAPITRE VII.
De la Colere, & de la Douceur.

CE n'est pas sans raison que nous mettons la Colere au dernier lieu entre les Passions. Car de mesme que l'Audace vient de l'Esperance, l'Esperance de la Cupidité, la Cupidité de l'Amour, &c. ensorte que la derniere suppose & comprend en quelque façon les precedentes, ainsi la Colere comprend non seulement l'Audace, mais presque toutes les autres Passions. Dautant que celuy qui est en colere soufre avec douleur, & deplaisir l'injure receüe, a de l'aversion pour elle, en hayt la cause, ou l'autheur, desire de se vanger sur luy, espere de luy nuire, & de faire ensorte qu'il s'en repente, se porte hardiment à luy faire du mal, se vange avec plaisir, & luy nuit effectivement; sibien que la Colere n'est point tant une simple Passion, qu'un certain amas de Passions.

Les uns la definissent en peu de mots, Une ardeur de sang ou de chaleur alentour du Cœur; les autres un desir de vangeance; les autres une ardeur de sang causée par un desir violent de vangeance; & d'autres avec Ciceron, une Inimitié qui observe le temps de la Vangeance : Mais ils ne semblent pas assez expliquer la nature de la Colere; car il semble qu'il faut du moins exprimer la douleur dont celuy qui se met en colere se veut delivrer, la douleur, dis-je, qui cause l'ardeur, & l'effervescence du sang, & l'appetit de vangeance.

C'estpourquoy elle se pourroit plûtost definir Une Passion par laquelle l'Ame pressée de douleur a cause de l'injure pretendüe, outrée de hayne contre l'Autheur du fait, & enflammée par les boüillonnemens du Cœur, se porte à la vangeance pour faire repentir celuy qui a offensé, & l'obliger à n'entreprendre desormais rien de pareil.

Certes Aristote n'a pas oublié de marquer la douleur, lorsqu'il definit la Colere, *le desir d'une vangeance ouverte accompagné de douleur a cause du mepris.* Où il faut remarquer qu'il se sert plutost du mot de mepris ὀλιγωρία, que de celuy d'injure, parceque comme personne ne se met en colere que parce qu'il croit qu'on luy fait injure, ainsi personne ne croit qu'on luy fasse injure, que parce qu'il se croit meprisé, ou moins estimé qu'il ne merite par celuy qui fait le mal. Il est vray que nous-nous faschons quelquefois contre des choses inanimées, & contre des brutes de qui il ne semble pas que nous puissions estre meprisez; cependant dans cette premiere & comme aveugle impetuosité nous concevons quelque espece de mepris, entant que nous-nous regardons comme au dessus de toute injure, ou ne croyons pas qu'il y ait rien qui nous puisse justement faire aucun mal.

L'on diroit mesme que les Brutes se mettroient en colere par une espece d'instinct de la sorte, comme si chaque Brute s'aimoit, & s'estimoit trop pour croire que qui que ce soit luy pûst, ou luy dûst faire du mal; & mesme elles ne semblent pas estre incapables de discerner le mal qui est Injure, ou qui se fait malicieusement, & à dessein, de celuy qui n'est pas Injure, ou qui ne se fait pas à dessein & par une mauvaise volonté: Car nous voyons que les Chiens, les Chats, & quelques autres Animaux ne se mettent pas en colere, ou ne se veulent pas vanger lorsque leurs Maistres les battent, ou lorsque se joüant entre eux ils se montrent les dents les uns aux autres.

Quant à la Douceur, quoy que ce soit plûtost un calme ou un *appaisement* qu'une agitation & un trouble d'Esprit, & qu'ainsi il semble qu'on la doive exclurre du nombre des Passions; ce n'est neanmoins pas un pur repos, ou une simple privation, mais c'est une motion effective, & qui estant douce, tranquille & convenable, est opposée à la Colere qui est une motion turbulente. Nous la definirons donc, Une Passion par laquelle l'Ame ne considerant l'injure que comme nulle, ou legere ne se fasche que peu, ou point du tout, ou n'est que peu ou point eprise de hayne contre l'Aucteur de l'injure, & ne se porte aucunement à

B 5

la vangeance, ou fort legerement.

Et certes, comme l'opinion d'avoir receu une injure enflamme, & augmente la colere, ainsi l'opinion de n'en avoir point receu fait ou qu'elle ne s'enflâme point, ou qu'elle s'appaise; & il arrive de là par conséquent que ceux qui ont l'Ame forte, & genereuse, & qui se confient sur eux mesmes, se mettent moins en colere, & sont plus doux que les autres, parce qu'ils ne croyent pas qu'on les meprise aisement, & qu'on entreprenne aisement de leur faire injure, & s'ils se laissent quelquefois aller aux premiers mouvemens, ils s'adoucissent plutost, & plus facilement, comme s'ils s'estoient trompez, & qu'ils eussent cru mal à propos d'avoir esté offensez.

Mais ceux qui ont l'Ame basse & lasche, & qui connoissent leur propre foiblesse, sont bien plus coleriques, & plus difficiles à adoucir, parce qu'ils soupconnent, & qu'ils croyent qu'on les meprise, & qu'on les offense aisement. Et c'est pour cela, dit Aristote, *que les malades, les pauvres, les Amans, ceux qui ont soif, & generalement ceux qui desirent quelque chose & qui ne la peuvent obtenir, se mettent aisement en colere, & sont tres* faciles à estre emeus. Et Plutarque, que les femmes sont plus sujettes à la colere que les hommes, les malades que les sains, les jeunes gens que les Vieillards, & les mal-heureux que ceux qui sont fortunez.

Or il semble que de ce qui a esté dit jusques icy l'on peut entendre quelle doit estre la motion des esprits qui fait la colere. Car puisque la Colere est un amas de Passions qui ont leurs motions differentes, il faut que les esprits soient meus differemment, & qu'ils agitent le Cœur, & l'Ame, & specialement qu'ils fassent que le Sang s'enflamme dans le Cœur, & que la poitrine s'echauffe. Car comme le Cœur se resserre par la douleur que l'opinion d'une injure receuë excite, ainsi il se dilate par le plaisir que cause une vangeance meditée ; & comme il hayt, & a de l'aversion pour l'autheur du mal, ainsi il embrasse tout ce qui se rencontre estre capable de luy nuire ; & comme il fuit le mal qui l'atteint, ainsi il poursuit celuy qui le fait ; & comme la crainte que le mal ne persevere l'abbat, ainsi l'esperance de s'en delivrer par la vangeance le releve. C'est pourquoy il faut que le sang agité par ces differens mouvemens s'echauffe, & boüillonne dans le Cœur, & que la paresse & la pusillanimité estant surmontées par cette chaleur, l'audace & le courage portent comme une espece de torrent à la vangeance, à moins qu'il ne se trouve quelque puissant obstacle qui en arreste le cours.

Au reste, comme le mouvement de la Colere est de telle maniere composé d'Aversion, & de Poursuite, qu'il consiste neanmoins principalement dans la Poursuite ; on peut entendre que le bien que celuy qui est en colere se propose prevaut au mal dont il a aversion, c'est à dire que le plaisir qu'il espere est plus puissant que la douleur qu'il sent ; de sorte que ce n'est pas sans raison qu'on dit d'ordinaire, qu'il n'est rien de plus doux que la Vangeance, & qu'Aristote estime extremement ce dire d'Homere, *Que la vangeãce est plus douce que le miel.*

Mais quel est ce bien que l'on espere tirer du mal que l'on fait à autruy par la vangeance ? Celuy-là mesme que nous avons marqué dans la definition de la Colere, à sçavoir d'estre desormais à couvert, & en seureté du costé de l'offenseur, ou de luy oster toute envie de nous attaquer à l'avenir, comme n'y ayant rien qui donne plus de cœur pour une seconde injure que de n'avoir pas esté puny de la premiere ; & c'est pour cela que nous-nous portons incontinent à luy oster tout courage soit en luy ostât la vie, les armes, & tous les moyens de nuire desormais, soit en le blessant de telle maniere dans son corps, dans sa renommée, dans ses biens, qu'il se repente de la faute qu'il a fait, & que craignant un pareil traittement il n'ose plus y retourner. Ioint que ce chatiment est un exemple pour les autres, & que la tache de lascheté marquée par le mepris de l'offenseur semble estre lavée, & effacée par la vigueur de la vangeance.

Il n'est pas necessaire de nous arrester aux Effets que la Colere produit hors du corps ; l'on scait qu'ils sont le plus souvent suivis d'un repentir tres amer, au lieu de la douceur du plaisir qu'on s'estoit promise. Quant à ceux qui paroissent dans le corps, leur diversité est grande, mais ils naissent tous de cette motion interieure des esprits, du Cœur, & du Sang dont il a esté parlé. Car la Paleur, par exemple, qui se repand quelquefois sur le visage, & principalement dans le commencement, peut icy avoir la mesme cause que j'ay dit à l'egard de la Tristesse, entant que cette Passion commence par la Tristesse & par la Douleur que cause le mal qu'on a receu; elle peut encore avoir la mesme cause que l'Audace, entant que la difficulté de la vangeance se peut presenter. Pour ce qui est de la Rougeur qui vient ensuite, & de tous ces autres mouvemens extraordinaires qui se remarquent dans ceux qui se sont laissez emporter à la Colere, il ne sera pas difficile d'en donner la raison, pourveu qu'on se souvienne de ce qui a esté dit des deux dernieres Passions, & des precedentes.

Ce qui reste à observer en general pour la Conclusion de ce Traité est, que puisque les Passions sont de certains mouvemens, & que nous voyons qu'il y a de certains Hommes comme de certains Animaux, dont les uns ont plus ou moins de pente à ces sortes de mouvemens que les autres ; il faut par consequent que cette pente vienne en partie de la constitution naturelle du corps, & en partie de l'habitude contractée par la repetition frequente des mouvemens. Car en premier lieu, quoy que ces mouvemens s'attribuent specialement à l'Ame, entant qu'ils sont dits specialement estre des Passions de l'Esprit; cela se fait neanmoins parceque l'Ame est le principe du mouvement, & que l'opinion du bien, & du mal par laquelle ces mouvemens sont excitez, est propre & particuliere à l'Ame. Car du reste, il arrive acause de la liaison interieure de l'Ame & du Corps que nous avons expliquée plus haut, que de mesme que le mouvement de l'Ame redonde sur le Corps, ainsi la constitution du Corps, ou cóme on parle d'ordinaire, la Complexion, & la temperature donne occasió à ces mouvemens.

En effet, sans nous arrester aux preuves qu'Aristote tire des choses que l'Ame soufre dans l'yvresse, dans la manie, & autres semblables accidens; puisqu'il est vray que les mouvemens qui sont des Passions dependent de l'opinion, & que l'opinion se forme selon que les especes des choses se presentent à la phantaisie, & que les especes des choses sont presentées selon la motion des esprits qui s'engendrent, & se meuvent diversement selon le meslange particulier des humeurs, & selon la temperature des parties; il est visible que les mouvemens de l'Ame dependent de la temperature, & de la conſtitution du Corps.

Vne autre preuve de cecy eſt, que les mouvemens naiſſants s'evanoüiroient aiſement ſi la temperature ne faiſoit une diſpoſition propre pour les recevoir, pour les fomenter ou entretenir, & pour leur faire prendre des forces & de la vigueur; de meſme qu'une etincelle tirée d'un caillou s'eteint en un moment ſi elle ne trouve une matiere propre dans laquelle eſtant receüe elle prenne des forces, & s'enflamme. C'eſt ainſi certes que dans les Bilieux l'eſpece de l'injure que la moindre offenſe imprime ſe dilate incontinent par l'ardeur de la bile, & par conſequent l'opinion par laquelle la Colere eſt excitée & enflammée. Et dans ceux qui ſont Sanguins, & qui principalement abondent en ſemence, les eſprits ſont tels qu'ils excitent des eſpeces d'Amour comme agreables & convenables, d'ou naiſt l'opinion, & de l'opinion la Convoitiſe, & ainſi des autres.

D'ailleurs, comme la Faculté motrice a beſoin d'un organe pour mouvoir, & que l'organe doit eſtre diverſement flechy pour faire les divers mouvemens, & que l'inflection ſouvent reïterée le rend plus diſpoſé pour ces meſmes mouvemens, & que cette disposition n'est autre chose qu'une habitude, comme nous avons expliqué en son lieu ; il s'ensuit que la faculté par laquelle l'Ame fait ces mouvemens qui sont des Passions, rend les organes d'autant plus flexibles, & obeïssants, & devient elle mesme d'autant plus propre, & plus encline à les mouvoir, plus elle s'exerce, & plus elle reitere ces mesmes mouvemens ; si bien qu'il arrive, comme dit Ciceron, que l'agitation d'Esprit demeure, vieillit, & s'enracine pour ainsi dire dans les veines, & dans la moüelle. Car, ajoûte-t'il, *lorsque l'on s'est une fois laissé emporter à la Convoitise de l'argent, & qu'on ne s'est pas incontinent servy de la Raison comme d'une Medecine Socratique pour guerir cette Convoitise, elle passe dans les veines, & ce mal demeurant adherant aux entrailles, devient une maladie inveterée qui ne se peut pas deraciner, cette maladie s'appelle Avarice, & il en est de mesme des autres maladies, de l'Ambition, de l'Amour, &c.*

Et c'est ce qui fait que nous voyons non seulement que ceux qui sont naturellement portez à une Passion y deviennent plus enclins par l'usage frequent (car c'est ainsi que ceux qui s'addonnent à l'argent devienent plus avares, que ceux qui s'addonnét à rechercher les hôneurs deviennent plus ambitieux, que ceux qui s'addonnent aux plaisirs de Venus y deviennent plus enclins, &c.) mais que ceux là mesme qui ont de la pente à une Passion deviennent aussi enclins à l'opposite par l'usage contraire, comme les Avares à la prodigalité, les Ambitieux à la modestie, les Impudiques à la continence, & ainsi des autres.

Or encore que quelques-uns ayent coûtume d'appeller Mœurs les inclinations qui sont causées par l'Habitude, ou les habitudes mesmes, il semble neanmoins qu'on peut prendre la chose plus generalement, & que les Inclinations naturelles, ou qui suivent du temperament peuvent estre appellées Mœurs entant qu'il arrive frequemment que les Passions naissent & s'elevent suivant les inclinations, & que les habitudes les confirment tres souvent, & rendent l'Ame plus portée à la Passion à laquelle elle a deja de l'inclination ; ou si quelque habitude est contraire à l'inclination naturelle, elle tient lieu de principe naturel, ce qui fait qu'il est vray de dire que l'habitude ou la coûtume est comme une autre nature. Et c'est dans ce sens general qu'on a coûtume de decrire, & de dire les Mœurs des Animaux chacun selon leur espece, les mœurs des Lyons par exemple, celles des Chevaux, des Aigles, des Grües, des Daufins, &c. & entre les Hommes les Mœurs des differentes Nations, Ages, & Saisons, ce qui regarde plutost le Temperament que l'Habitude. Desorte que les Mœurs ne sont pas seulement les Habitudes dont traitte la Morale, & qui se divisent d'ordinaire en Vertus, & en Vices, mais generalement les Inclinations naturelles.

Je touche cecy pour insinuer que les Conjectures physionomiques peuvent quelquefois avoir quelque chose de vray. Car comme les Mœurs de l'Esprit suivent souvent le temperament du Corps, & que le temperament se manifeste souvent par des signes exterieurs, il arrive que ces signes font connoitre le temperament, & que du temperament on infere les mœurs, ou les inclinations à de certaines Passions; je dis les inclinations, & non pas les Passions mesmes, parceque, comme il a esté dit, il se peut faire que quelqu'un resiste à l'inclination, & qu'il la change en une habitude contraire, ensorte que le Physionomiste se puisse tromper s'il determine quelque chose de la Passion comme de l'inclination. A propos de quoy il ne faut pas taire ce que Ciceron entre autres raconte de Socrate. *Lors*, dit-il, *que dans une Assemblée Lopyrus qui faisoit profession de connoitre la nature d'un chacun en regardant le visage, l'eut chargé de toutes sortes de vices, Lopyrus fut mocqué du reste de l'Assemblée qui ne reconnoissoit point ces vices dans Socrate: Mais Socrate le defendit lorsqu'il dit que ces vices estoient en luy, mais qu'il les avoit abbatu par la raison.*

Or ce qui confirme, comme nous venons de dire, que les Mœurs de l'Esprit suivént le temperament du Corps, c'est que si le temperament souffre du changement les Mœurs en souffrent aussi; car c'est pour cela que ceux qui sont doux & paisibles dans la Santé, deviennent coleriques & querelleux dans la Maladie; que ceux qui estant jeunes se plaisent à de certaines choses, se plaisent estant vieux à des choses opposées; que ceux qui sont gays dans une certaine constitution d'Air, sont tristes dans une autre, &c. Joint que nous avons beau tascher tant que nous pouvons d'introduire des Habitudes contraires, il est tres rare qu'il ne demeure toujours quelques semences des inclinations, ce qui est cause qu'il nous faut tres souvent combatre avec les Passions.

A l'egard de ce que nous venons de dire, que le temperament se manifeste par de certains signes exterieurs, la chose semble estre evidente. Car soit que les temperamens se considerent selon les humeurs, ou les quatre premieres Qualitez entre lesquelles il y en ait une predominante, de la maniere dont on a coûtume de les attribuer aux Elemens, ensorte que l'un soit dit bilieux, ou chaud & sec, l'autre sanguin, ou chaud & humide, l'autre pituiteux, ou froid & humide, l'autre melancolique, ou froid & sec; il est constant qu'on s'apperçoit de la chose par l'habitude mesme du Corps, par la couleur, par la voix, par le poux, par les excremens, & autres signes de la sorte familiers aux Medecins.

Aristote ajoûte qu'on a mesme accoutumé de prendre des indices non seulement de la comparaison des divers Sexes, comme si quelqu'un ressemble plus à la femme qu'a l'homme; ou des hommes de differentes Nations, comme s'il naist quelqu'un en France qui ait plus de ressemblance avec un Ethiopien qu'avec un Européen ; mais encore du rapport qu'il y a avec d'autres Animaux, comme si quelqu'un a dans le visage, dans les yeux, ou dans une autre partie quelque chose de semblable à un Singe, à un Lyon, à une Aigle, ou autre.

Cependant il faut remarquer qu'a l'egard des Inclinations j'ay dit *Conjectures physionomiques*, parceque les Signes ne sont point si certains qu'ils ne trompent quelquefois. Car quelqu'un, par exemple, peut bien estre gras acause de la froideur de son temperament, & quelqu'un maigre acause de la chaleur, mais il se peut faire aussi que celuy qui est d'un temperament froid devienne maigre par l'exercice, par la diette, par l'usage excessif de Venus ; comme il se peut faire que celuy qui est d'un temperament chaud devienne gras par le repos, par la bonne chere, par une grande abstinence de Venus, ou autrement.

Il faut aussi remarquer qu'encore que j'aye dit à l'egard de ces Signes, qu'il peut y avoir quelque chose de vray, entant qu'ils sont naturels, & qu'on en prend plusieurs qui conspirent à une mesme chose ; je ne pretends neanmoins pas que cela favorise aucunement les Chyromanciens ; au contraire ce qu'ils disent des petites Montagnes, & des lignes qui s'observent dans la paume de la main, d'où ils veulent qu'on puisse tirer des consequences du bon, ou du mauvais naturel, me semble de pures badineries. Car pour ne dire rien des petites Montagnes, ou muscles eminents qu'on sçait estre destinez pour le mouvement, ces lineamens semblent n'estre autre chose que les plis de la peau qui sont destinez pour fermer la main, & qui sont formez dés le ventre de la Mere, dans lequel l'Embryon est les mains fermées, & serrées contre les yeux ; le serrement, ou la compression des mains se faisant desormais selon ces mesmes lignes.

LIVRE VI.

DE LA FACULTE' MOTRICE DES ANIMAVX, ET DE LEURS DIFFERENTES MOTIONS OU MOUVEMENS.

CHAPITRE I.

Ce que c'est que la Faculté motrice des Animaux.

CETTE force ou faculté motrice qui dans les Animaux suit la connoissance, & l'Appetit semble estre la derniere perfection, & le complement que la Nature donne à son ouvrage quand elle entreprend de former un Animal ; car comme le corps de l'A-
nimal

nimal estant formé, il n'est plus besoin d'autre chose, sinon qu'il se conserve soit en poursuivant les choses qui luy sont utiles & salutaires, soit en fuyant celles qui luy sont contraires ; elle ne devoit pas manquer de luy donner comme pour complement la vertu de se mouvoir tant pour se porter aux premieres, que pour eviter les dernieres.

Cette force ou vertu interieure semble devoir estre prise de la nature mesme de l'Ame entant qu'elle tient de la nature du Feu, lequel estant naturellement dans une vigueur & dans une mobilité continuelle, se meut premierement soy-mesme, & puis les corps contre lesquels il vient à hurter, comme il arrive dans les Canons, qui est l'exemple sensible que nous en avons apporté.

Ce n'est pas que cette mobilité ne se pûst anterieurement rapporter aux corpuscules ou Atomes dont le feu est formé, en ce que le mouvement leur est naturel ; mais il suffit icy de la rapporter aux esprits qui estant de nature ignée, & par consequent tres mobiles, sont à raison de cette mobilité propres à pousser, & à mouvoir le corps & ses parties : Je dis à raison de cette mobilité, car comme nous avons montré en son lieu, il n'est pas possible qu'un corps imprime du mouvement à un autre, qu'il ne soit luy mesme en mouvement, c'est à dire qu'il ne soit luy mesme dans l'agitation; de sorte que la vertu motrice par le moyen de laquelle l'Animal est meu semble n'estre par consequent que la mobilité mesme ou la motion mesme des esprits.

Pour ce qui regarde le Siege de cette force ou le principe d'où elle decoule, l'on trouve la mesme diversité d'opinions qu'à l'egard du Siege de la Phantaisie, de la Raison, & de l'Appetit; car comme on demeure presque d'accord que les esprits destinez pour mouvoir sont transmis par les nerfs, ceux qui tiennent avec Aristote que le Cœur est le principe des nerfs, tiennent aussi que la faculté motrice reside dans le Cœur; & ceux au contraire qui soutiennent avec Galien que les nerfs tirent leur origine du Cerveau, la placent consequemment dans le cerveau: Or l'Anatomie nous ayant fait voir evidemment que le Cerveau est le principe des nerfs, & non pas le Cœur, nous supposerons comme une chose evidente que le Siege de la vertu motrice ou le principe d'où elle decoule est le

Cerveau, & non pas le Cœur; desorte que sans nous arrester davantage sur cette difficulté, nous parlerons simplement de l'organe dont se sert la faculté motrice.

L'on sçait assez que le muscle est l'organe total du mouvement, c'est une chose qui est evidente, & dont on ne sçauroit douter; mais parce qu'outre sa chair, sa membrane, & son ligament, il est pourveu d'une veine, d'une artere, & d'un nerf, qui luy portent chacun de leurs principes le sang, les esprits vitaux, & les esprits animaux, l'on est en peine de sçavoir lequel de ces trois derniers peut estre l'organe particulier de ce mouvement. Or l'on a observé que cela appartient specialement au nerf; parceque la veine, & il en est de mesme de l'artere, ayant esté liée ou couppée au dessus de son insertion dans le muscle, le mouvement ne laisse pas de subsister dans le muscle, au lieu que le nerf ayant esté lié ou couppé, le mouvement s'avanoüit entierement, quoy qu'il demeure dans les parties superieures, c'est à dire depuis la section jusques au cerveau, ou à la moëlle de l'espine, qui n'est autre chose, comme nous avons dit ailleurs que le

Cerveau mesme allongé. De plus l'on a observé que lorsque cette moëlle de l'espine a esté couppée, le mouvement perit dans les nerfs qui sortent au dessous de la section ; ce qui est une marque que la vertu motrice qui influe de la moëlle dans les nerfs influe du cerveau dans la moëlle ; & delà l'on a conclu non seulement que le cerveau doit estre le siege de la vertu motrice, mais que c'est particulierement par les nerfs que son influence est transmise aux parties qui doivent estre meües.

Cependant il est difficile de sçavoir de quelle maniere la chose se doit entendre. Car si les nerfs, dit-on, sortoient d'un principe ferme, & solide, l'attraction qui se fait de la partie meüe vers le principe mouvant, pourroit veritablement estre attribuée aux nerfs, mais comme ils sortent de la moëlle qui est une chose molle, tendre, & lasche, & qu'ils sont eux mesmes dans leur commencement & tres mols, & tres tendres, ils ne peuvent par consequent pas estre propres pour attirer les parties, ni pour estre les vrais & physiques organes du mouvement.

D'ailleurs, il est constant & evident

que le muscle tire, ou attire vers sa teste, & cependant on observe que l'insertion du nerf n'est precisément pas à la teste du muscle, mais ou aupres, ou au dela, ou mesme au milieu, & quelquefois mesme au delà du milieu; ce qui est une marque que l'attraction ou le mouvement par lequel la partie est amenée vers la teste ou vers le principe du muscle, se fait par une autre chose que par le nerf.

Que dirons-nous donc qui vienne du cerveau au muscle par l'entremise du nerf faute de quoy le muscle soit rendu incapable de mouvoir? Certes il semble que ce n'est autre chose que le commandement de mouvoir, le commandement, dis-je, de mouvoir, lequel est comme signifié au muscle par la venüe & par la pulsion des esprits qui luy sont transmis par le moyen du nerf, de telle sorte que le muscle sans cette transmission demeureroit comme endormy, au lieu qu'estant par là excité, & comme reveillé, il agit.

Pour mieux entendre cecy imaginons-nous Premierement que le muscle tient lieu d'une corde qui par ses deux extremitez seroit attachée à deux differentes choses fermes, & solides, & que l'une de ces extremitez, qui s'appelle la teste, attire & amene vers foy la partie ou l'autre extremité qui s'appelle la queüe. Secondement que le muscle non seulement se termine evidemment en une queüe qui est vulgairement appellée le tendon, mais que sa teste mesme est encore d'une substance tendineuse. Troisiemement que cette teste se fend, & se divise en plusieurs fibres qui sont dispercées par la chair, & qui venant à se resserrer & à se ramasser font cette queüe que nous venons de dire. Quatriemement que si on couppe le muscle à la teste, il se retire entierement vers la queüe, si à la queüe vers la teste, si aux deux extremitez vers le milieu. Enfin que la chair semble n'estre destinée que pour remplir les interstices des fibres tendineuses, & pour contribuer en se laschât, & se laissant aller vers les costez à faire venir la queüe vers la teste.

De tout cecy je conclus que le tendon est la plus considerable partie du muscle, ou celle qui luy est comme essentielle, & que c'est le tendon qui en se retirant, & en se racourcissant de la teste vers la queüe fait l'attraction d'une partie à l'autre, de sorte que si le muscle a la force de se mouvoir, de se resserrer, & de se retirer en soy mesme, cette force doit principalement estre attribuée au tendon.

Ie dis de plus, que la vertu motrice ou la force de se resserrer, & de se retirer, est autant naturelle au tendon, que l'est au Cœur, au Cerveau, & au Diaphragme celle de se resserrer, & de s'etendre; avec cette difference seulement que ces parties sont dans une action continuelle, & se meuvent par une necessité naturelle, & sans attendre aucun commandement; au lieu que le tendon n'agit pas continuellement, mais seulement lorsque les esprits qui luy viennent du Cerveau par les nerfs le frappent, l'excitent, & l'avertissent, pour ainsi dire, qu'il ait à se resserrer, & par ce moyen amener, & attirer une partie vers l'autre.

C'est pourquoy il n'est rien, ce semble, transmis du Cerveau au muscle par l'entremise du nerf que cet ordre, & ce commandement, que ce commandement, dis-je, qui suit l'acte de la Volonté, ou de l'Appetit, & que l'Entendement ou la Phantaisie comme Maitresse & directrice signifie au tendon ou au muscle comme à son esclave afin qu'il fasse tel ou tel mouvement, & qu'il meuve telle ou telle partie.

Pour expliquer la chose encore un peu plus au long, remarquons avec Aristote que tout Animal lors qu'il se meut, se meut pour quelque fin, & parceque la fin tient lieu de bien, il faut que ce bien soit & connu, & desiré pour que le mouvement se puisse faire acause de luy. Ainsi il faut par consequent que son espece soit premierement exprimée dans la phantaisie, que les esprits soient ensuite transmis du cerveau au cœur, comme nous avons dit ailleurs, qu'ils y excitent l'appetit, & que l'appetit soit tellement emeu du desir du bien proposé que cette emotion ne puisse par une reciprocation d'esprits n'emouvoir pas la phantaisie, & ne la pas porter à ce qui reste à faire. Il faut ensuite pour que le mouvement suive, que les esprits qui sont toujours tout prests dans le Cerveau pour obeir à la phantaisie, entrent dans les nerfs qui tendent aux parties que la phantaisie a en veüe, ou parceque les nerfs sont deja gonflez d'esprits, que ces esprits soient poussez, ensorte que les premiers poussez poussent en mesme temps les seconds, ceux cy les troisiemes, & ainsi de suite jusques aux muscles, ou aux tendons qui soient frappez,

& par ce moyen comme avertis du mouvement qui se doit faire, c'est à dire du mouvement desiré, & qui est commandé par la phantaisie.

Or il y a principalement en cecy trois choses admirables. La premiere est ce choix des nerfs qui sont specialement destinez aux parties dont le mouvement est commandé ; ce qui est d'autant plus admirable qu'un de ces nerfs, par exemple, celuy de la sixieme conjugaison estát simple dans son origine, ou dans le Cerveau, est de telle maniere divisé, & sousdivisé en une infinité de rameaux qui se vont ensuite inserer dans les diverses parties, qu'il est etonnant que les esprits ou entrez, ou poussez le long du tronc ne meuvent pas en mesme temps toutes les parties dans lesquelles se fait l'insertion des rameaux, de mesme que tous les rameaux des arteres battent tous ensemble par un seul & mesme mouvement dans toutes les parties par où ils passent & sont tendus.

Neanmoins ce qui rend la chose moins etonnante est, que cette substance interieure du nerf, comme nous avons dit en son lieu, n'est autre chose qu'un amas de plusieurs petites cordes tres deliées.

Cc 5

qui font selon la remarque qu'en a fait Aristote, *que le nerf peut estre fendu en long*, & qui sont tout autant de petis nerfs compris sous un nerf total. Car par ce moyen il se peut faire que les esprits n'entrent pas du cerveau dans tout le nerf, mais seulement dans les petis nerfs qui sont tendus du cerveau aux parties qui doivent estre commandées, & estre meües.

Il se peut mesme faire aussi qu'apres que le rameau s'est inseré dans le muscle, & qu'il s'est ensuite fendu & divisé par toute sa substance en une infinité d'autres petis rameaux, il n'y ait endroit où il ne se trouve de petis nerfs, & par consequent des esprits, par lesquels toutes les fibres du tendon qui sont repandues par le muscle soient poussées, & excitées, & par consequent portées, ou inclinées à se resserrer, & à se retirer, & que la contraction se continuant selon toute la longueur, & s'amplifiant en largeur, la partie où la queüe est inserée soit alors amenée, & attirée vers la teste.

La seconde est cette vitesse par laquelle l'espece du bien est exprimée, l'Appetit est emeu, la Phantaisie commande, son commandement est porté par les esprist selon toute la longueur des nerfs, les petites fibres repandües par tout le muscle sont frappées, le tendon se retire, une partie est amenée à l'autre ; car il est etonnant qu'encore que toutes ces choses se fassent successivement, elles paroissent neanmoins se faire en un moment : Et cette vitesse est d'autant plus admirable que plusieurs parties sont quelquefois meües en mesme temps, & que les unes apres les autres elles font leur mouvement avec une telle rapidité, lors par exemple que les doigts de l'une & de l'autre main touchent un Luth, qu'on ne sçauroit comprendre comment toutes les choses que je viens de dire soient multipliées & repetées à chaque mouvement, n'y ayant effectivement aucun mouvement qui ne se fasse, & volontairement, & avec commandement, & chaque corde faisant le son que la main, & l'Entendement veulent, comme dit le Poëte, *quem vult manus & mens.*

Mais ce qui fait à cecy, c'est la nature de l'Ame, qui estant une espece de feu, ou de flamme, est par consequent dans une continuelle & tres rapide agitation, & peut communiquer des mouvemens tres rapides à ses facultez. Ce qui y contribue encore, c'est la nature des esprits qui tenant de celle de l'Ame, sont comme des rayons de lumiere qui ne sont pas moins vistes & rapides que ceux du feu, ou du Soleil. Joint que les nerfs estant continus, & tendus non seulement depuis le Cerveau jusques au Cœur, mais encore jusques aux muscles, & aux tendons de toutes les parties, l'impression qui se fait à une de leurs extremitez est incontinent sentie, & exprimée à l'autre.

Ce qui y contribue principalement, & ce qu'Aristote a fort bien observé, & tres elegamment exprimé, c'est dit-il, qu'il en est de l'Animal comme d'une espece de Republique bien ordonnée. Car de mesme que dans cette Republique lors qu'un bon ordre y a une fois esté bien etably, il n'est point necessaire d'aucun secret conducteur qui assiste à tout ce qui se fait en particulier, parceque chacun s'acquitte exactement de son office selon qu'il luy a esté prescrit, & qu'ainsi une chose se fait enfin par accoûtumance apres une autre; de mesme aussi dans l'Animal la presence de l'Esprit, ou de la Phantaisie n'est pas necessaire dans toutes les parties pour qu'elles agissent, & fassent leur devoir, mais elles sont si bien apprises par la Nature, que toutes les fois qu'il est necessaire, elles agissent, & s'en acquittent.

La troisieme c'est cette force par laquelle non seulement le bras, ou la cuisse, mais encore toute la machine de l'Animal est meüe, dirigée, elevée, transportée. Car qui est celuy qui puisse aisement comprendre que ce peu de substance tenüe que nous concevons estre dans le corps d'un Elephant le principe du mouvement, puisse agiter, & mesme faire sauter une si lourde, & si pesante masse?

Mais ce qui fait aussi principalement pour cecy, c'est cette mesme nature de l'Ame. Car quoy qu'elle soit une espece de flamme tres subtile, & tres tenüe, elle peut neanmoins par sa mobilité extreme en faire autant à proportion dans le corps de l'Animal, que la flamme de la poudre dans un Canon, lorsqu'elle chasse le boulet avec tant d'impetuosité, & qu'elle fait reculer toute la machine avec tant de force.

Nous avons montré dans les Meteores que cette grande force de la flamme se doit prendre de la frequence, & de la multiplication des coups de chaque corpuscule dont la flamme est formée ; le mesme se doit entendre de cette force par laquelle le corps d'un Animal est agité, & l'on doit concevoir qu'elle se fait, & s'excite par la frequente, & multipliée agitation des esprits ; si bien que lorsque nous faisons effort sur de la terre ferme & immobile pour en rejaillir, ou lorsqu'une partie se presse contre une autre pour en reflechir, ou en un mot, lorsque tout le corps, ou quelqu'une de ses parties se meut, il faut que les esprits soient interieurement meûs & agitez avec une rapidité, & avec une frequence qui suffise pour ce mouvement. Ce qui ne nous semblera pas improbable si nous pensons que lorsqu'il nous semble que nous parlons avec tant de facilité, ce son ne se fait neanmoins que par l'agitation, ou les allées & venuës tres rapides & tres frequentes de l'Air au dedans de la Trachée-Artere, & du Larynx, & si nous nous voulons bien persuader qu'un moucheron ne se sent pas travailler lorsqu'il vole, & que cependant il meut ses ailes avec une frequence & une rapidité qui est capable de faire ce bourdonnement qui frappe nos oreilles si sensiblement.

La difficulté qui pourroit icy rester

consiste à sçavoir si les esprits qui souffrent cette agitation sont de ceux qui viennent du Cerveau, ou ceux qu'on se pourroit imaginer estre naturels au tendons : Certainement quoyque les uns & les autres concourent, il semble neanmoins que ceux qui sont principalement destinez pour cela doivent estre naturels aux tendons. En effet le tendon semble devoir avoir en soy de quoy executer le mouvement qui luy est commandé ou de quoy faire cette contraction, & ce resserrement que nous avons dit ; & il doit mesme par consequent avoir en soy, & principalement dans les fibres repandues par tout le muscle des esprits obeïssans par l'action desquels il soit tendu, & puisse estre tenu, & demeurer tendu s'il est besoin ; ensorte que ce qui est envoyé au Muscle soit, non pas une affluence d'esprits qui venants avec impetuosité du Cerveau, s'en aillent comme une espece de soufle enfler les fibres du Muscle, & le faire agir comme par force, & par la seule disposition de la Machine, mais quelque chose de plus simple, mais une tres petite quantité d'esprits, & qui ne servent precisement par leur abord, & par leur impulsion legere qu'a exciter, qu'a reveiller, qu'a avertir le Muscle ou le Tendon de ce qu'il doit faire, en un mot, qu'a le determiner à agir selon la puissance naturelle qu'il en a, & selon cette espece d'ordre & de commandement qui luy est transmis & signifié de la part de la Volonté ou de l'Appetit ; le corps de l'Animal, selon Aristote, estant comme une Republique dont chaque membre a en soy assez de sentiment & d'intelligence pour connoitre & distinguer les ordres qui luy sont signifiez de la part du Commandant, & assez de force & de puissance pour les executer.

Et qu'ainsi ne soit, lorsqu'on a fraichement & proprement separé un Muscle, qu'on le tient par les deux bouts, & que venant à le picquer avec une aiguille, il se resserre, & ramene ses deux bouts vers le milieu; peut-on dire que l'aiguille envoye une abondance d'esprits qui s'en aillent enfler les fibres du Muscle, & le forcer à se resserrer ? Et n'est-il pas plus raisonnable de s'imaginer qu'il en est du Muscle comme d'une Huitre, & qu'ayant comme elle une Ame Sensitive, & par consequent assez de sentiment, & d'intelligence pour connoitre ce qui luy est propre, ou nuisible, il est de mesme que l'Huitre excité, reveillé, & determiné par la picqure, comme par une espece d'avertissement, à agir & à se resserrer?

L'on en peut à peu pres autant dire du Cœur, d'autant plus que l'Anatomie nous apprend que ce n'est qu'un double Muscle : Le Cœur ne doit point aussi estre contraint à se resserrer, & à se dilater ou par l'affluence du sang, comme nous avons deja dit en parlant du Poux, ou par l'affluence des esprits qui decoulent du Cerveau : Comme le Poux est l'action primitive de l'Animal, & la plus importante de toutes, il ne se doit pas faire comme par accident, mais par une intention primitive de la Nature, & par consequent le Cœur doit estre de soy & naturellement doué de la Vertu pulsifique, c'est à dire qu'ayant de soy l'Ame Sensitive, & par consequent assez de sentiment, & d'intelligence pour connoitre les mouvemens qui sont necessaires pour la conservation, & pour l'entretien de toute la Machine du Corps qui semble luy estre confiée, il doit avoir de soy la puissance d'executer ces mouvemens; & si il est determiné à se resserrer & à se dilater par le sang qui entre dans ses ventricules, ou par quelques esprits qui luy viennent du Cerveau, ce ne doit estre que comme un simple avertissement, de la maniere que nous le venons de dire à l'egard du Muscle.

Et certes, lorsque le cœur d'une Tortuë qu'on a arraché du corps de la Tortuë, vient deux heures apres à se resserrer quand on le picque, & à se dilater quand on l'echauffe avec la main, peut-on aussi dire que l'aiguille envoye comme on pretend que faisoit autrefois le Cerveau, une abondance d'esprits qui enflant ses fibres le force par la seule disposition de la Machine à battre, à se resserrer, & à se dilater ? Et n'est-il pas aussi plus raisonnable de dire que la picqure ne fait autre chose que d'exciter, & de reveiller ce qui luy reste d'Ame Sensitive, ce qui luy reste de sentiment, & de connoissance, & par là le determiner comme par une espece d'avertissement à faire ses mouvemens accoûtumez ?

Or il est à remarquer qu'encore que la tension du Muscle semble se faire fort lentement, & tenir comme de l'immobilité elle ne peut neanmoins estre causée que par une grande agitation, ou par des allées, & des venuës tres frequentes & tres rapides des esprits, de mesme à proportion que du Metail peut estre fondu, & estre entretenu fondu, & comme immobile par l'agitation, & par les allées & venuës frequentes & rapides des corpuscules de feu, comme nous avons expliqué ailleurs.

Cecy se connoit principalement dans cette espece de mouvement qu'on appelle Tonique ; c'est lorsque les muscles qui attirent les membres, & ceux qui sont destinez pour les etendre, tirant de divers costez, comme il arrive dans de certaines maladies, tendent tout le corps, ou quelque membre de telle maniere que le membre ne suivant ni les uns, ni les autres, demeure comme immobile entre des forces egales ; car encore que l'action, & la motion des muscles ne soit pas alors fort sensible, si faut-il pourtant avoüer qu'elle est tres grande, d'autant plus que le malade se trouve ensuite extrememént las & fatigué, & ses membres destituez de force, & de vigueur; ce qui ne peut venir que de la dissipation des esprits qui estoient les causes, & les principes de cette vigueur. De là vient que ces esprits ayant besoin d'estre reparez, & le pouvant effectivement estre, ils ne doivent point tant estre dits naturels parce qu'ils soient nez dés le commencement avec le tendon, que parce qu'ils succedent aux naturels, & qu'ils demeurent comme eux adherants aux parties, ce que ne font pas ceux qu'on appelle influants.

Que doit-on donc penser apres tout cecy, dira quelqu'un, de ce qu'Aristote propose, & soûtient comme une espece d'Axiome, asçavoir *que tout ce qui est meu suppose quelque chose d'immobile* ? Certainement ceux qui admettent les Atomes n'admettront pas ce principe ainsi generalement enoncé ; parcequ'ils tiennent que leurs Atomes sont dans un continuel & inamissible mouvement, & qu'ils n'ont pas besoin d'un appuy absolument immobile & resistant pour en pouvoir comme rejaillir. Neanmoins ils ne doivent pas nier que cela ne soit vray dans les Animaux ; parceque les motions des Animaux ne se font pas selon de simples & libres actions, mais selon *les concretions*, ou les amas d'Atomes qui peuvent estre diversement comprimez & poussez, & diversement repousser, ou faire rejaillir.

Et certes, lorsque tout l'Animal se

meut, il est evident, du moins si c'est en sautant, qu'il doit estre appuyé, ou sur la terre, ou sur quelque autre chose qui soit fixe & immobile, puisqu'il se presse de telle maniere vers elle, que si elle n'est ferme, ou qu'elle cede, il ne peut pas rejaillir, mais il la suit, & tombe avec elle : Et c'est pour cela que le *voler*, & le *nager* estant comme des sauts continuez, il faut que les ailes, ou les nageoires battent, & rebattent continuellement l'Air, ou l'eau pour s'appuyer, autrement la motion ne pourroit pas continuer : Il est encore evident que si le mouvement se fait en marchant, c'est à dire une partie estant transportée apres l'autre, la chose sur laquelle l'on marche doit estre fixe & ferme, ou que si elle ne l'est pas, le corps ne sçauroit s'elever, ni un pied estre porté en avant. C'est-ce qu'Aristote enseigne par l'exemple des Rats lorsqu'ils marchent dans le sable, & il en est de mesme des Chiens de Cuisine, ou des Hommes qui marchent dans une grande roüe qu'ils font tourner, & des Bateliers qui en s'appuyant sur leurs perches qu'ils ont fichées en terre, marchent sur le bateau qu'ils font cependant avancer, & ainsi de cent autres mobiles de la sorte.

C'est à propos de cecy qu'Aristote a fait cette belle remarque, que ce qui est fixe & ferme ne doit aucunement estre partie de ce qui est meu, & que c'est a-cause de cela que celuy qui est hors du navire, & qui le pousse avec une perche, le peut bien faire mouvoir, mais non pas celuy qui est dedans; parceque celuy-cy est comme partie du navire, & est meu par le mouvement du navire. *D'où vient*, dit-il, *que ni Tityus, ni Boreas auec toute leur impetuosité ne le mouvroient pas s'ils souffloient du nauire mesme, comme feignent les Poëtes.*

Il faut cependant remarquer, comme nous avons deja indiqué, que le mobile se meut veritablement avec d'autant plus de facilité que la chose sur laquelle il se meut est fixe & constante, mais qu'il n'est neámoins pas necessaire qu'elle soit absolument ferme & immobile; car il suffit qu'elle resiste un peu, & qu'elle ne cede pas de telle maniere que le mobile ne trouve point de temps de rejaillir. D'ou vient qu'encore qu'on ne puisse pas marcher sur l'eau, parcequ'elle cede trop tost, on peut neanmoins marcher sur de la terre mouillée, ou sur du sable, parceque ces corps quoy que mobiles ne cedent neanmoins point si-tost que le pied ne puisse s'appuyer, & s'elever. Ainsi quoy qu'un Chien de cuisine dans sa roüe n'avance pas, il marche neanmoins, parce qu'encore que les parties de la roüe cedent, elles empruntent & tiennent neanmoins assez de resistance de l'axe pour que les pieds se puissent appuyer, & s'elever l'un apres l'autre.

CHAPITRE II.
De la Voix de Animaux.

AVant que de parler des mouvemens du Tout, nous dirons un mot de la Voix à l'occasion des mouvemens qui la font. La Voix est proprement *un Son formé par l'emission du soufle dans la bouche d'un Animal qui est touché de quelque Passion.* Ie dis proprement, car ce n'est qu'improprement, & par analogie que les sons des Flutes, & des cordes sont appellez des Voix. Et lorsque je dis que c'est *un son formé dans la bouche*, je pretens exclurre ce bruit des abeilles, des mouches, des hannetons, & autres insectes qui ne se fait pas avec la bouche, comme nous avons deja touché, mais avec les ailes. De mesme quand je dis que c'est *un son formé par l'emission du soufle*, c'est non seulement pour exclurre ce son sec qui se peut faire en separant tout d'un coup les levres les unes des autres, ou la langue des parties voisines, mais principalement aussi pour insinuer la cause, & la matiere de la voix. Enfin lorsque j'ajoûte que la Voix est formée dans la bouche de l'Animal *touché de quelque passion*, je pretens exclurre la toux, le hoquet, & autres semblables sons qui n'expriment aucune affection ou passion de l'Ame ; la Voix ayant cependant esté donnée pour marquer quelque passion interieure, comme celle du plaisir, de la douleur, de l'amour, de la colere, &c. De sorte qu'aucune passion n'estant d'ailleurs excitée sans imagination, Aristote semble dire tres raisonnablement que la Voix se fait, *par un frappement d'air avec quelque imagination; dautant que la Voix est un son qui signifie, & qui se profere pour quelque bien qui se presente.*

De là vient qu'encore qu'il semble que nous proferions quelquefois des voix

voix sans signifier aucune passion, il y a toutesfois du moins cette passion, que nous les voulons proferer parce qu'il semble bon de les proferer.

De là vient aussi que parceque la Voix se fait selon que l'imagination, & l'appetit le requerent, c'est quelque chose de volontaire, & qui par consequent se fait par un mouvement volontaire des muscles. Or comme divers muscles servent pour la voix ascavoir ceux qui servent pour la respiration, ceux-là neanmoins qui sont alentour du Larynx sont les principaux, entant que par le moyen des Cartilages qui sont à l'orifice de la Trachée-artere, ils resserrent, ou dilatent cet orifice qu'on appelle la Languette, selon qu'il est necessaire pour faire une Voix aigüe, ou grave, comme il a esté dit ailleurs.

Au reste, comme la Parole n'est autre chose qu'un son articulé, l'on demande si l'homme seul parle, ou si les autres Animaux qui ont quelque voix doivent aussi estre censez parler. Pour moy il me semble que ce pourroit bien estre une question de nom; neanmoins c'est une chose à remarquer que les Pythagoriciens, les Stoiciens, & les Peripateticiens ayent distingué deux sortes de Parole, l'interieure qui est comme cachée au dedans, & qui n'est autre chose que la pensée mesme de l'Esprit ; & l'exterieure qui se manifeste au dehors par la bouche, & qui n'est autre chose que l'interpretation mesme de l'interieure, de sorte qu'il soit necessaire de concevoir premierement la chose que de l'expliquer par la bouche, & que la parole interieure puisse veritablement estre sans l'exterieure, mais non pas l'exterieure sans l'interieure : C'est, dis-je, une chose à remarquer ; car comme les autres Animaux pensent aussi quelque chose, & raisonnent mesme en quelque façon à leur maniere grossierement & improprement, comme nous avons dit ailleurs, & qu'ainsi ils semblent n'estre pas absolument destituez de la parole interieure, ils semblent aussi ne devoir pas absolument & generalemét estre privez de l'exterieure.

Ie dis absolument & generalement, car comme jay dit c'est une pure question de nom, & il est certain que s'il s'agit specialement de la parole humaine, il n'y a aucun Animal que l'Homme qui s'en puisse servir ; mais s'il est generalement question de la parole qui soit une Voix articulée, & proferée auec l'imagination de signifier quelque chose, il ne semble pas qu'on doive nier que le Chien n'ait la sienne, le Cheval de mesme, & ainsi des autres Animaux chacun selon son espece.

En effect, comme articuler la Voix n'est autre chose que flechir, interrompre, & diversifier sa teneur, quelles inflections, interruptions,& variations ne remarque-t'on point dans la voix des Rossignols ? Et comme pour exprimer les diverses passions on se sert de diverses articulations, quelle diversité n'y a-t'il point dans celles dont se sert le Chien, lorsqu'il se jette sur un inconnu, qu'il flatte son maistre, qu'il se plaint de quelque coup qu'on luy a donné, qu'il demande à manger, ou qu'il en attend, qu'il est en chaleur, qu'il flatte ses petits, qu'il est en different avec quelque autre Chien,&c.

Et comme la Parole est instituée pour nous entendre mutuellement les uns les autres, les autres Animaux n'exprimét-ils pas aussi des Voix par lesquelles ils se font entendre? l'Agneau en béelát n'appelle-t'il pas sa mere,& la mere n'appelle-t'elle pas l'Agneau, ou n'entend-t'elle pas qu'il l'appelle ? La Poule lorsqu'elle glousse de differentes manieres, ne fait-elle pas cela pour faire venir manger ses petits, pour les amener avec elle, pour les cacher sous ses ailes de peur du Milan ? Et les Oyseaux, & ces autres Animaux qui s'attroupent, ne semblent-ils pas lorsqu'ils babillent, pour ainsi dire, & marmottent entre eux, & specialement les Chats qui sont en amour lors qu'ils miaudent, qu'ils se plaignent, qu'ils s'entre-grondent, qu'ils s'egratignent, & se dechirent, ne semblent-ils pas, dis-je, se vouloir signifier quelque chose?

Certainement, quoy qu'on n'entende pas ce qu'ils disent, l'on ne doit pas pour cela croire qu'ils ne se parlent pas, si ce n'est qu'on ne-vueille croire que les Chinois dont nous n'entendons pas davantage la langue, ne parlent pas ; d'autant plus que comme nous pouvons entendre les Chinois, & estre entendus d'eux en accompagnant les Voix de quelques signes, ainsi les Animaux qui conversent avec nous accompagnent leurs voix de certains signes par lesquels nous les entendons, comme nous en faisons par lesquels ils nous entendent.

Et quoy que les Animaux n'ayent pas

nne si grande diversité de voix que nous, il ne s'ensuit pas qu'ils ne parlent en quelque façon, & n'ayent des paroles dont ils se servent; si ce n'est qu'on ne vueille aussi dire que les Canadois, & ces autres sortes de Nations Sauvages qui n'ont que tres peu de paroles au prix de nous, ne parlent pas. Mais ils n'ont pas besoin d'en distinguer beaucoup, non plus que les autres Animaux qui n'ont qu'un si petit nombre de choses à exprimer, au lieu qu'il nous en faut nommer une infinité d'autres qui regardent les Arts & les Sciences.

Enfin si les Animaux ne semblent pas d'ordinaire flechir la teneur de la voix par des Consonnes, mais seulement par quelque espece de Voyelles, ou de Diphtongues, ce n'est pas encore une marque absoluë qu'ils ne parlent pas ; si ce n'est encore qu'on ne croye que nous ne parlons pas lorsque nous disons par exéple, a i o, ehi, ohe, ehu, &c. d'autant plus que les Nations au Dialecte ou Idiome desquelles nous ne sommes pas accoûtumez, nous semblent parler si indistinctement, qu'a peine y discernons-nous un plus grand usage de Consonnes que dans les Animaux, dont il y en a d'ailleurs plusieurs qui expriment les Consonnes; & s'ils ne les expriment pas, c'est qu'ils n'ont pas besoin de cette grande diversité de voix pour exprimer les choses, & qu'ainsi ils n'accoûtument pas leurs organes à les exprimer, quoy qu'ils le puissent faire, comme nous montre l'experience.

Car non seulement les Pies, les Perroquets, &c. mais les autres mesme qui apprennent à chanter se font enfin une telle habitude dans leurs organes, que c'est une chose qui surpasse la croyance. Nous avons veu un Passereau qui eust seulement piolé dans les Champs, & qui ayant esté mis dans une Cage aupres d'un Chardonet, d'un Serin de Canarie, & d'une Calande, prist, & mesla tellement les chants de tous ces Oyseaux, qu'il n'y avoit rien de plus agreable. Et c'est une chose commune entre les Autheurs que les Rossignols apprennent leurs petits à mieux chanter.

Il est vray que les Perroquets, les Pies, & les autres Oyseaux qui apprenent à parler n'entendent pas ce qu'ils disent; & que d'ailleurs les autres Animaux cōme les Chiens, les Chevaux, & les autres ont par toute la Terre les mesmes voix pour exprimer leurs paſſions, au lieu que les Hommes les expriment par autant de voix differentes qu'il y a de differens pays, ce qui eſt une marque que la veritable parole demande de l'Art; auſſi eſt-ce pour cela que nous avons dit que ce pouvoit eſtre une queſtiõ de nom.

CHAPITRE III.
Si les Noms ſont de Nature, ou d'Inſtitution.

A Gellius dit qu'entre les Diſſertations Philoſophiques celle cy a toujours eſté fort celebre, *natura-nè ſint Nomina, an ex inſtituto* φύσει, ἢ θέσει, ſi les Noms ſont de nature, ou d'inſtitution, s'ils ſont naturels, ou arbitraires. Auſſi voyons-nous que Platon en fait un Dialogue dans lequel Cratyle pretend que tous les Noms ſont par nature. Hermogene au contraire ſoûtient qu'il n'y en a aucun par nature, mais que tous ſont par inſtitution, ou ſi vous aimez mieux, par le pacte & le commun conſentement, & la coûtume de ceux qui s'en ſervent; ſibien que de quelque nom qu'une chose soit appellée, il veut que ce soit là son nom, pourveu que les hômes en conviennent. Socrate, qui est la troisieme personne qu'il introduit dans le Dialogue, fait distinction, & dit qu'il y en a quelques-uns qui sont plutost par nature, comme ceux qu'on attribue aux choses eternelles, & dont les Dieux specialement se servent ; d'autres qui sont plutost par institution, comme ceux qu'on attribue aux choses caduques & perissables, & que les Hommes imposent fortuitement.

Cette mesme question doit avoir esté agitée par Pytagore, Democrite, Aristote, & Epicure ; car Proclus enseigne que Pytagore, & Epicure ont esté du sentiment de Cratyle, Democrite, & Aristote de celuy d'Hermogene. Et il n'y a pas de doute que ces deux derniers n'ayent esté du sentiment d'Hermogene, puis qu'Aristote dit expressément que le Nom est une Voix qui signifie par institution καὶ τ Συνθήκη, & il declare qu'il parle de la sorte, *parce qu'il n'y a aucun Nom par nature* φύσει *naturâ*, & Democrite tasche de prouver la mesme chose par quatre Argumens, dont le premier est tiré de l'Homonymie, ou de ce qu'un mesme nom est attribué à des choses differentes. Le second de la Polyonymie, ou de ce que divers noms sont attribuez à une mesme chose. Le troisieme du Changement, ou de ce qu'une mesme chose a tantost un nom, & tantost un autre, ce qui sans doute n'arriveroit pas si les Noms estoient purement naturels. Le quatrieme du Defaut de semblables, d'ou vient que de Sagesse nous tirons bien sçavoir, mais que de Justice nous n'en tirons pas de mesme un autre ; pour nous faire voir que les Noms sont des effets de la fortune, & non pas de la Nature.

Pour ce qui est des deux premiers, asçavoir de Pytagore, & d'Epicure, il est vray qu'ils ont parlé comme Cratyle, & qu'ils ont dit cóme luy que les noms estoient par nature φύσει *naturâ*, mais ils ont pris la chose dans un sens bien different. Car pour ne dire rien de Pytagore que Proclus mesme avoüe avoir parlé Enygmatiquement, Cratyle a dit que les Noms estoient *par nature*, parcequ'ils estoient accommodez pour exprimer, & signifier les natures des choses, que c'estoit par consequent des inventions *de l'Art, & de la Science*, & qu'ainsi ils estoient des ouvrages, non de quelque impetuosité, mais de l'Ame raisonnante; au lieu qu'Epicure pretend que les Noms sont *par nature*, parceque ce sont des ouvrages, ou des effets de la Nature humaine, ou d'une impetuosité naturelle par laquelle les premiers Hommes suivant l'imagination qu'ils avoient des choses, & selon la passion d'amour, de hayne, ou autres dont ils estoient touchez, se sont laissez emporter à de certaines voix par lesquelles ils ne les designoient pas moins qu'avec le doigt, ou avec le geste du Corps. Voicy comme Cratyle le fait parler. *Epicure a soutenu que ceux qui ont les premiers imposé des noms aux choses, ne les ont pas imposé par quelque Science certaine & particuliere, mais poussez & meûs par une certaine impetuosité naturelle, comme font ceux qui toussent, qui eternuent, qui mugissent, qui abbayent, qui se plaignent ; par une certaine impetuosité naturelle, dis-je, qui selon la passion particuliere qu'ils avoient, les portoit à les nommer plutost de ce nom-là que d'un autre.* Et voicy comme il s'explique dans l'Epistre qu'il a addressée à Herodote. *Les Noms n'ont donc pas dés le commencement esté imposez aux choses par*

DE LA FACULTÉ

la pure institution des Hommes, mais les natures des Hommes qui dans les differentes Nations estoient douées de certaines dispositions naturelles particulieres, qui estoiët agitées par des mouvemens d'Esprit particuliers, & qui estoient mues & poussées par des Idées ou imaginations propres & particulieres, ont aussi poussé l'Air par la bouche, & l'ont brisé, & articulé d'une manière particuliere, selon l'impetuosité des passions, & des imaginations, & quelquefois aussi selon la diversité des lieux, ou du genie different, du Ciel, & de la Terre dans les diverses Regions. On a ensuite dans chaque Nation, comme par un commun consentemët, choisi & designé des noms propres pour signifier les choses, afin que les significations fussent moins ambigues, & que les choses se pûssent expliquer plus brievement. Et lorsque quelques-uns vouloient proposer aux autres des choses qu'ils n'avoient point veües, ils faisoient quelques sons avec la bouche, & estoient contraints de proferer de temps en temps quelque voix ; si bien que les autres attrapant la chose par quelquë raisonnement, & conjecture, ils conceurent enfin par une longue accoûtumance ce qu'ils pensoient.

Et parce que d'ailleurs les temperamens

des hommes estoient differens, ensorte que ce qui plaisoit aux uns, deplaisoit à tout le reste, & que ce qui plaisoit à plusieurs n'affectoit pas avec la mesme force tous les autres ; pour cette raison il est souvent arrivé que pour designer une mesme chose les uns poussoient de leur bouche, ou proferoient une certaine voix, & les autres une autre. Et c'est ce qui a fait que ceux qui avoient à vivre dans un mesme pays, & en societé, ont deu, afin de se pouvoir signifier la mesme chose les uns aux autres, convenir de la voix qu'ils profereroient, retenant celle ou que le premier avoit prononcée, ou qui sembloit avoir plus de beauté, & d'agrement, ou qui plaisoit au plus grand nombre.

Ainsi il est arrivé que differentes Nations convenant differemment, la diversité du Ciel, de la Terre, des Alimens, des Exercices, des Coûtumes, des Temps, & des Affections qui en suivent contribuant beaucoup, il est arrivé, dis-je, que ces Nations differentes ont eu de differens mots, & qu'ils en ont formé des Idiomes differens ; d'où vient que ce n'est pas merveille si les hommes qui sont de differentes Regions ne s'entendent pas les uns les autres.

Veritablement il s'est pû faire que les

Nations qui n'avoient aucun commerce avec les autres, ayent long-temps conservé les mesmes mots, & le mesme Idiome, mais celles qui ont eu de la communication entre elles, en ont peu à peu & insensiblement changé plusieurs, quittant les mots, & les phrases de leur pays, & prennant les estrangers, principalement dans les pays où on a eu soin de se polir de plus en plus; car c'est ce qui fait que les choses nouvelles estant toujours plaisantes, tout ce change peu à peu de telle maniere, qu'il ne reste enfin rien de ce qui estoit premierement. Aussi est-ce ce qui a fait dire à Horace, que de mesme que les fueilles des arbres changent d'année en année, & que les premieres tombent, & font place aux nouvelles, ainsi l'usage des vieux mots perit, & il en revient d'autres en leur place.

Voila à peu pres ce que les Anciens qui n'estoient eclairez que des simples lumieres de la Nature ont sceu dire de plus probable sur ce sujet. Il semble que nous devrions maintenant dire quelque chose de la premiere & veritable imposition des Noms, entant que nous l'apprenons des Saintes Ecritures, dans lesquelles nous lisons que Dieu amena des Animaux de toutes les especes devant

Adam, & que leur Nom fut celuy qui leur donna; mais il faut laisser cela aux Interpretes de la Sainte Ecriture, aussi bien que ce qui se lit de cette memorable confusion qui arriva en batissant la Tour de Babel d'ou est venüe la diversité des Langues.

CHAPITRE IV.
Du Marcher des Animaux.

Apres cette espece de digression qui regarde principalement le mouvement d'une des parties du Corps, asçavoir de la Langue, nous dirons maintenant quelque chose des mouvemens qui regardent tout l'Animal, c'est à dire par lesquels tout l'Animal change de place soit en marchant, soit en volant, en nageant, ou en rampant. Et pour commencer par le Marcher, c'est à dire par ce mouvement progressif qui est propre & particulier aux Animaux qui ont des pieds, nous remarquerons simplement neuf ou dix choses qui regardent ce sujet.

La I. Que le Marcher qui paroit se faire tout droit, ou en droite ligne, semble estre une espece de roulement, ou une motion composée de portions de cercles qui se decrivent sur divers centres. Le principal Roulement se fait veritablement à la jointure de la Cuisse avec la Hanche, mais il estoit necessaire qu'il s'en fist une autre au Genou, afin que la Cuisse transportée pust estre eslevée de terre, & ne fust pas contrainte de la racler avec le pied, ou en la raclant de tourner de costé comme un Compas, d'ou il seroit arrivé qu'un Animal tombé par terre n'auroit pû se relever, ni n'auroit pû mesme marcher soit en montant, soit en descendant, & beaucoup moins encore monter ou descendre par une Echelle, ni mesme se relever estant assis. Il estoit aussi necessaire qu'il se fit d'autres roulements au talon, au metatarse, & aux doigts du Pied, afin qu'un roulement estant suivi d'un autre, le roulement se pûst faire selon toute la longueur du Pied.

La II. Que la longueur du Pied estoit par consequent necessaire non seulement pour soûtenir, & diversement incliner le Corps, mais aussi pour faire le Pas plus long; puisque toute la longueur du pied est ajoûtée au talon, & qu'il est visible que si quelqu'un marche en s'appuyant seulement sur les talons, ses pas en sont bien plus courts; car il marche veritablement comme un homme qui iroit avec des Echasses, mais si avec des Echasses on fait de grands pas, c'est a cause de la longueur des Echasses qui est ajoûtée à elle des cuisses. Encore faut-il considerer que si l'extremité de l'Echasse qui touche la terre n'estoit un peu ronde, ensorte qu'il se pust faire quelque roulement dessus, mais qu'elle fust plate, & large, il ne seroit pas possible de marcher, comme il ne seroit pas aussi possible de marcher, si l'on attachoit au Genou une Jambe de bois dont le pied fust large, parce que ce pied n'estant point flexible, il ne se pourroit faire aucun roulement dessus. Aussi experimente-r'on que le pied de l'homme est d'autant plus inhabile au mouvement, que le Soulier est roide, ou que le talon se peut moins mouvoir, & moins se relever en pliant au dedans du Soulier: Il estoit mesme necessaire que le pied nud fust tans soit peu cave, & les doigts & le talon tant soit peu pliables, afin que marchant par des lieux inegaux, ou par des degrez d'une Echelle, ou que montant de branche en branche dans des arbres, il pust mieux se prendre aux choses sur lesquelles il s'appuye; d'ou vient qu'il y a plus de difficulté & de peril à monter sur des arbres avec des souliers qu'a pieds nuds.

La III Que l'appuy qui se fait en marchant est continu, entant que les parties d'un mesme pied appuyent successivement, & qu'un pied ne cesse point entierement d'appuyer que l'autre ne commence en mesme temps de s'appuyer; ce qui fait que le mouvement ou le transport dans l'air est aussi continu, en ce que dans le moment qu'un pied cesse d'estre transporté, l'autre commence de l'estre.

La IV. Qu'il n'y a que le pied qui appuye qui fasse avancer le tronc du corps qui est appuyé sur luy; car c'est luy seul qui le soûtient, & qui le porte, le pied qui est transporté estant plutost soutenu & transporté par le tronc.

La V. Que le mouvement progressif du Tronc est continu, parce qu'au moment que la cuisse sur laquelle il est appuyé, & par laquelle il est emporté cesse d'appuyer, & commence d'estre transportée, l'autre cuisse le reçoit, luy sert d'appuy, & appuyant elle mesme, commence en mesme temps de le transporter.

La VI. Que le tronc ne s'abbaisse, & ne se hausse tant soit peu, que parceque tantost il panche tant soit peu à droite, & tantost à gauche.

La VII. Que le pied qui est tranporté se meut deux fois plus viste que le tronc; d'autant que le tronc avançant continument, & uniformement, & les pieds appuyants, & estants transportez alternativement, il faut que la moitié du temps soit attribuée à l'appuy, & la moitié au transport, & qu'ainsi le pied qui est transporté recompense en allant le double plus viste le retardement qu'il a fait en appuyant. Cecy se doit neámoins precisement entendre du pied; par ce que comme les parties de la jambe, & de la cuisse vont d'autant plus viste qu'elles approchent davantage du pied comme de la circonference, ainsi elles vont d'autant plus lentement qu'elles approchent davantage de la jointure de la cuisse avec la hanche.

La VIII. Que delà suit cette espece de Paradoxe, açavoir que celuy qui en marchant laisse aller librement ses mains, & ses bras selon le mouvement du corps.

meut veritablement les bras en avant, mais nullement en arriere ou, ce qui est le mesme, que la main droite par exemple, est veritablement meüe en avant, mais qu'elle ne retourne neanmoins point de l'endroit jusqu'où elle a une fois avancé, se tenant là en l'air sans se remuer comme si elle s'appuyoit, & le tronc passant cependant outre, & la main gauche avançant aussi cependant. Ce qui se voira clairement si quelqu'un en marchant proche d'une muraille, laisse aller sa main droite ensorte qu'elle rase doucement la muraille ; car ceux qui seront presents, & qui auront remarqué l'endroit de la muraille jusqu'ou le grand doigt de la main aura avancé, observeront qu'elle ne retourne point delà, mais qu'elle y demeure, & qu'elle attend jusques à ce que l'Epaule avance & l'entraine derechef, si bien que si quelqu'un laissoit tomber une pierre de sa main lorsqu'elle paroit retourner, elle tomberoit à plomb, au lieu qu'elle seroit jettée en avant si on la laissoit tomber lorsque la main avance.

La IX. Que si quelqu'un veut par plaisir marcher en arriere, l'appuy, & le transport des pieds doit estre tout au contraire; c'est à dire commencer par les doigts, & le metatarse, & finir par le talon.

La X. Que celuy qui marche en montant s'appuye principalement sur le devant du pied, & qu'il courbe aussi tant soit peu le tronc du corps en avant; parceque le talon qui est elevé n'ayant point d'appuy, le poids du corps incline en derriere; joint que l'inflection de la cuisse estant plus aiguë, le poids des fesses incline en derriere, & il en est tout au contraire en descendant.

Au reste il y en a qui se sont icy imaginez que l'homme pourroit bien estre autant né pour aller à quatre pieds comme à deux, & que l'on pourroit considerer ses deux bras côme ses deux cuisses de devant. Pour appuyer leur imagination ils disent que les cuisses de devant d'un Singe ne sont aucunement differentes des bras d'un homme, & que celles de derriere sur lesquelles il peut aller comme fait l'homme, sont aussi semblables à celles de l'homme.

Ils ajoûtent que lorsque les Enfans commencent à se trainer, ils remuent leurs membres comme font les Animaux à quatre pieds, & que dans l'Isle de Saint

Chriſtophe, & en quelques autres lieux, ils courent à quatre pieds fort viſte dés l'age de deux ans, mais que leurs meres leur aprenent peu à peu à aller à deux.

Ils diſent de plus que quand nous voulons nous-nous ſervons des mains comme des pieds, allants, comme on dit, à quatre pieds (ce que nous ſommes obligez de faire lorſque nous montons par une Echelle de bois) & qu'alors nos bras, & nos cuiſſes ſe portent, avancent, & appuyent à terre en ſe croiſant, c'eſt à dire la cuiſſe droite avec le bras gauche, & la cuiſſe gauche avec le bras droit de meſme que les Animaux à quatre pieds; ces ſortes de croiſemens qui ſe font conjointement ſemblants tellement naturels, & neceſſaires, que lors meſme que nous marchons droits, & que nous laiſſons aller & venir nos bras pendants, le droit avance toûjours, ou eſt toûjours laiſſé en arriere conjointement avec la cuiſſe gauche, & le gauche avec la cuiſſe droite; enſorte que nous ne pouvons jamais faire, quoy que nous y taſchions, que le droit aille avec la droite, & le gauche avec la gauche; comme ſi les bras ne pouvoient oublier leur fonction de cuiſſes de devant.

Mais pour voir la foiblesse de toutes ces conjectures, il ne faut que considerer qu'il est bien plus commode d'aller à deux pieds, droits, & la teste haute & elevée, que d'aller à quatre la teste baissée, & tournée vers la terre comme une Brute, que nous retirons de grands avantages de cette allure droite & elevée, en ce que nous-nous sentons bien plus libres, & bien plus dispos, que nous regardons bien plus loin, & bien plus aisement de tous costez, & qu'il n'y a rien que dans cette posture nous n'entreprennions de nos mains: Joint qu'il n'y a Nation au Monde, quelque barbare & sauvage qu'elle puisse estre, qui ne marche de la sorte ; ce qui nous montre evidemment que cette allure est la vraye, & la naturelle allure de l'homme, & que si les meres ou les nourrisses par leur ordre ont soin d'apprendre & d'accoûtumer les Enfans à marcher droits, ce soin est autant naturel que celuy de les nourrir, & de les elever.

CHAPITRE V.
Du Vol des Animaux.

Nous mettrons d'abord à part les Autruches qui ne se servent pas de leurs ailes pour voler, mais seulement pour courir, & ce avec cette circonstance remarquable, qu'estant fort pesantes, & n'allant que tres lentement quand rien ne les presse, elles vont neanmoins si viste quand elles se sentent poursuivies par les Arabes qui sont d'ordinaire ceux qui les chassent dans leurs Deserts, qu'elles surpassent à la course les plus vistes Cavaliers ; aussi en manquent-ils beaucoup, principalement quand elles se peuvent toujours tenir alencontre du Vent ; car l'artifice des Arabes est de les tourner selon le Vent, c'est à dire ensorte qu'elles ayent le Vent au derriere, ce qui ne nuit pas au Cavalier, & qui embarasse extremement l'Autruche, parce que lorsque le Vent la prend par devant il la souleve & la soutient à peu pres comme il fait les Cerfs volans, & lors qu'il la prend par derriere le contraire arrive. Laissant donc à part ces sortes d'Animaux dont l'allure est comme moyenne entre le marcher, & le voler, nous ne parlerons precisement icy que du veritable voler des Oyseaux, c'est à dire de cette action de voler qui se fait par le moyen des ailes à plumes ; je dis des ailes à plumes, parceque ce qui se dira de celle-cy se pourra aisement appliquer à celle qui se fait par le moyen des ailes membraneuses des Chauve-souris, de quelques Serpens ou Dragons s'il y en a, & de quelques Poissons.

Les ailes sont necessaires aux Oyseaux, afin qu'estant etenduës aux deux costez de leur corps qui ne doit pas estre droit comme est l'homme, mais panché & tendu vers la terre comme les Animaux à quatre pieds, elles puissent prédre l'air au dessous d'elles, s'appuyer dessus, & par ce moyen soûtenir le corps qui est entre-deux, & le faire avancer. Car encore que l'air soit coulant, & fluide, il ne laisse neanmoins pas d'avoir quelque resistance aussi bien que l'eau ; ce qui fait que les ailes le pressant & le battant par intervalles soit longs, comme les Milans, soit frequents, comme les Pigeons, soit tres frequents, & comme par une espece de tremblement, ou de mouvement tonique, comme le Lanier, elles soûtien-

nent

nent le corps. Il de faut neanmoins pas qu'elles battent simplement l'air de haut en bas, car elles ne feroient que se soutenir, & n'avanceroient point, mais il faut encore qu'elles pressent, & poussent l'air par derriere, afin que cet air resistant par derriere, elles puissent rejaillir, & avancer en devant. Or la structure de l'aile est tres propre pour cela, acause qu'estant convexe en devant, il se fait une concavtié par derriere qui sert pour pousser l'air en arriere.

Cecy se peut fort bien entendre par la comparaison d'un homme qui nage, & d'un batteau qui va à force de rames; car il est constant que si celuy qui nage presse seulement l'eau vers le bas avec les mains, les pieds, & le ventre, ou le dos, & qu'il ne la pousse point en arriere, il n'avancera aucunement, ni le batteau pareillement si les rames ne font simplement que couper l'eau de haut en bas, & si elles n'appuyent contre elle en la poussant de devant en arriere ; d'ou l'on peut voir que le *Voler* est comme une espece de *Nager*, & de Navigation.

Où il faut remarquer ces trois beaux ordres de plumes si proprement distinguez qui servent à voler. Le premier est des plus grandes, & plus remarquables, qui quoy qu'etendües, sont neanmoins de telle maniere receües les unes dans les autres, qu'elles ne laissent point de fente, ou de vuide entre-deux par où l'Air puisse passer. Le second ordre est des moindres qui sont comme pour appuyer, & fortifier les premieres, en recevant une partie de l'impetuosité. Le troisieme est des plus petites, qui surviennent comme au secours à la racine des autres.

Il faut encore remarquer la structure particuliere des plumes, qui fait qu'elles sont legeres comme elles le devoient estre ; car toute la plume est ou poreuse, ou creuse, & ses petis brins si fins, si deliez, si pres les uns des autres, & si bien arrangez qui sortent de part & d'autre sont comme autant de petites plumes fines & deliées, & leur cavité interieure semble estre destinée pour estre à la moindre impetuosité toute remplie d'un esprit chaud, & soulevant ; cette espece de moüelle qui est comme plantée dans la chair à la racine de la plume, & qui se va etendant le long du tuyau jusques à l'autre extremité qui est poreuse, estant comme soufflée & gonflée tout le long de ces petites cavitez ou canaux capillaires.

Il faut aussi considerer que non seulement les Ailes sont remplies de plumes, mais qu'outre ces grandes plumes qui sont aussi arrangées au croupion, tout le corps est couvert de certaines petites plumes tres fines, & cotoneuses, & ce qui est admirable, c'est que ces petites plumes sont tellement necessaires que si on les oste, l'Oyseau ne sçauroit plus voler; ce qui pourroit estre une marque qu'estant creuses comme les autres, & que recevant comme elles des esprits chauds & soulevants, elles font effort sur l'Air conjointement avec elles, & font comme le Complement necessaire pour s'elever, sans lequel les ailes ne suffiroient pas.

Une autre chose considerable est, qu'un Oyseau à qui on auroit osté les pieds ne pourroit plus voler, parceque faute de pieds il ne peut plus s'elancer de terre, ni prendre, & battre assez d'air pour s'elever en haut, & s'envoler. Les pieds neanmoins servent à un autre usage, & principalement dans les Oyseaux à longues cuisses : Car ceux qui les ont courtes les ramenent, & les plient d'ordinaire contre le ventre, tant afinque par la rencontre de l'air ils n'empeschent d'avancer, qu'afin qu'ils appuyent aussi en quelque façon sur l'air pour soulever: Mais ceux qui ont les cuisses longues les tiennent ordinairement etendues, & comme pendantes en bas, afin que n'ayant pas un croupion propre, ils s'en servent comme de timon. Car, comme j'ay insinué plus haut, les ailes sont aux Oyseaux comme les rames, & la queüe qui est située, & tenduë par derriere tient lieu de gouvernail qui selon qu'elle se flechit ou en haut, ou en bas, ou à costé, dirige le cours de tout le corps par l'air, comme le gouvernail dirige celuy du Navire au travers de la Mer; si bien que ceux qui ne peuvent pas etendre de mesme le croupion, & qui sont destituez de ces grandes ailes qui y sont attachées, etendent, comme j'ay dit, leurs cuisses pour leur servir de gouvernail.

Ajoûtons à l'egard de la durée, & de la rapidité du vol de certains Oyseaux, qu'à Fontaine-bleau, du temps de Henry II. un vingt-quatrieme jour de Mars, un Faucon s'estant emporté apres une Canne-petiere, fut pris à Malte le jour suivant qui estoit le vingt-cinq, & de là renvoyé au Roy par le Grand Maistre qui reconnut les Armes.

CHAPITRE VI.
Du *Nager*, & du *Ramper* des Animaux.

L'Action de nager a veritablement plusieurs choses communes avec celle de voler, & principalement celle-cy, que de mesme que ce qui vole est soûtenu par l'air, ainsi ce qui nage est soûtenu par l'eau; mais il y a aussi plusieurs differences, dont la plus considerable est, que pour voler il n'y a qu'une seule espece d'instrument necessaire, asçavoir les ailes, & que pour nager il y en a plusieurs; car quand il y auroit de l'analogie entre les nageoires, & les ailes, combien neanmoins y a-t'il d'Oyseaux, d'Hommes, d'Animaux à quatre pieds, & de Poissons mesme qui nagent, & qui cependant sont depourveus de nageoires?

La cause de cette difference me paroit estre la pesanteur des corps volans qui surpasse tellement celle de l'air, que l'air n'est pas capable de les soûtenir s'il n'y en a beaucoup par dessous, & s'il n'est continuellement battu; au lieu que la pesanteur des corps qui nagent ne surpasse que peu, ou point du tout la pesanteur de l'eau, & qu'ainsi l'eau les peut soûtenir pour peu qu'ils soient agitez, ou quand mesme ils demeureroient immobiles.

De là vient qu'il faut icy remarquer par avance conformement à ce qui a esté dit ailleurs, qu'il se peut faire qu'un Corps qui est de pareil volume avec l'eau, comme par exemple un pied cubique de bois, ou d'autre matiere, comparé avec un pied cubique d'eau, soit ou plus, ou moins, ou egalement pesant que l'eau; & que s'il est plus pesant, comme les Metaux, le Buys, le Gayac, &c. il ira au fond; s'il l'est moins comme le Liege, le Saule, le Chesne, &c. il se tiendra en partie elevé sur la surface de l'eau, & en partie enfoncé dans l'eau, & s'il est d'egal poids, il s'enfoncera veritablement toutafait dans l'eau, mais de telle maniere neanmoins qu'il rasera la surface de l'eau, ou demeurera en quelque endroit de l'eau qu'on l'aura enfoncé, & pourra estre mené çà & là sans aucune difficulté.

Cecy nous fait voir qu'afin que l'Animal qui nage puisse commodement demeurer dans l'eau, & se mouvoir aisement de toutes parts, il doit estre de pareille pesanteur que l'eau, ou à peu pres; autrement s'il estoit sensiblement plus pesant, il auroit beaucoup de peine à se soutenir, ou s'il estoit sensiblement plus leger, il luy faudroit faire un grand effort pour s'enfoncer, & se tenir enfoncé. C'est pourquoy puisque nous voyons que les Poissons se soûtiennent, & se meuvent tres facilement dans l'eau, il semble que la cause s'en doit rapporter à l'egalité du poids de leur corps avec l'eau.

Mais l'on demande quelle est la partie, ou quel est l'instrument duquel ils se servent pour se pousser en avant ? Premierement ils ne se servent assurement pas de leur nageoires comme les Oyseaux se servent de leurs ailes, quoy qu'Aristote semble l'insinuer, & que ce soit l'Opinion vulgaire; car ou il ne les etendent point aux costez, ou ils n'ont pas besoin de les etendre pour se soutenir. Ils n'en ont pas aussi besoin pour pousser l'eau par derriere, & ainsi se faire avancer; car sans parler de celles qui sont aux uns le long du dos, & aux autres le long du ventre, & qui evidemment ne servent pas pour cela, celles qui sont aux costez sont plus disposées pour pousser l'eau en avant qn'en derriere, & elles arresteroient plutost le corps qu'elles ne le feroient avancer ; aussi ne les tiennent-ils pas etendues, mais pliées proche du corps quand ils vont avec grande vitesse comme lorsqu'ils fuyent leur ennemy, ou qu'ils poursuivent leur proye.

La Queüe des poissons, & cette partie posterieure & pliable du corps qui luy est continue, semble donc estre le principal organe dont ils se servent & pour diriger leur mouvement, & pour se faire avancer, en ce qu'elle est non seulement comme un gouvernail, mais encore comme une espece de Levier qui appuyant contre l'eau pousse le reste du corps en avant. Car lorsque cette partie posterieure s'est courbée, & qu'elle vient tout d'un coup à s'allonger, & à se roidir, la queüe frappe aussi l'eau tout d'un coup par derriere, & pousse, comme je viens de dire, le reste du corps en avant; & cecy est d'autant plus vray-semblable que lorsque nous tirons les poissons hors de l'eau, nous observons qu'ils ne font effort, & ne se debattent que de la queüe.

L'on demande aussi à l'egard des autres Animaux, d'où vient que ceux qui ont quatre pieds, comme les chiens, les chevaux, les taureaux, & les Elefans mesmes nagent naturellement, & avec tant de facilité, & que les hommes apprenent d'ordinaire à nager, & ne font cet exercice qu'avec peine ? Mais ce qui empesche principalement les hommes, c'est la crainte de la mort qui trouble tout d'un coup la Phantaisie, & l'Entendement, & qui ne permet pas qu'on fasse les mouvemens qui sont convenables & necessaires pour nager; au lieu que les Animaux à quatre pieds craignant veritablement la mort, ou plutost l'incommodité presente de la suffocation, ne songent principalement qu'à se tirer de l'eau, & n'ont point toutes ces pensées qui troublent les hommes. Car d'ailleurs il semble que la Nature ait donné à l'homme un corps plus propre à nager qu'aux Animaux à quatre pieds ; en ce qu'ayant la poitrine plus ouverte, & plus etenduë, & mesme les mains & les pieds plus larges, il peut non seulement pousser l'eau plus aisement par derriere, mais en outre se soutenir par leur largeur. Il peut mesme nager à la renverse, parceque dans cette situation il se peut servir de ses mains comme de petites palettes, ce que les Animaux à quatre pieds ne peuvent pas.

Une chose merite icy destre observée, qui est que dans le Nouveau Monde où l'on jette les Enfans dans l'eau pour les laver aussitost qu'ils sont nez, & où on les y rejette encore ensuite tres souvent à mesme dessein, & pour leur denouer les membres, ces petits enfans se remuent, s'allongent, & s'efforcent de telle maniere dans cette eau qu'en peu de jours ils s'elevent au dessus,& qu'ainsi ils s'accoûtument de telle maniere à nager, que lorsqu'ils sont devenus grāds ce leur est presque une mesme chose de demeurer dans la Mer que d'estre en terre ; d'ou vient qu'ils menent plutost par la Mer leurs petis batteaux faits de troncs d'arbres creusez en les poussant, ou en les trainant, qu'estant assis dedans, & qu'ils s'en servent plutost pour se reposer de temps en temps plus commodement, que parcequ'ils en ayent absolument besoin pour demeurer longtemps dans l'eau ; ce qui est si vray qu'on les voit quelquesfois les jours entiers se divertir & joüer alentour de leurs petits bateaux sans quasi entrer dedans.

L'on en a autant dit autrefois de ces Ichthyophages Africains de qui on raconte de plus qu'ils traversoient comme des Bestes Marines de grandes etendues de Mer en nageant. L'on voit mesme que de tout temps il s'est trouvé par tout des hommes qui nagoient avec une facilité merveilleuse, & l'on fait mention qu'il y en a eu chez les Grecs qui faisoient les dix mille sans se reposer, & chez les Italiens qui en faisoient plus de six ; & de nos jours nous avons veu à Lion le Sr Barancy n'estre presque jamais las dans l'eau, & avoir une telle facilité à nager, qu'il se tenoit sans peine un quart d'heure sur le dos sans remuer, & mesme comme il nous a asseurez, sans pouvoir qu'à peine aller à fond.

Mais il n'y en a point de plus memorable qu'un certain nommé Colan de la Ville de Catane, & surnommé le Poisson, qui demeuroit plus dans l'eau que sur la terre, & qui par une necessité naturelle estoit contraint d'y demeurer tous les jours fort longtemps, ne pouvant vivre ni respirer autrement. Il nagoit avec tant de facilité que malgré les Vents contraires il traversoit de grands espaces de Mer, de soixante mille, par exemple, & davantage. Il prenoit mesme quelquefois plaisir d'aller au devant des Navires qu'on voyoit de loin dans la tempeste ne pouvoir entrer dans le Port, saluoit les mariniers qui luy jettoient une corde, & le faisoient monter dans le Navire, s'entrenoit avec eux, bevoit & mangeoit, se chargeoit de nouvelles pour les Amis, & puis se jettoit tout nud en Mer comme il estoit venu, & s'en retournoit.

Or il falloit que cet homme fust comme un poisson aussi leger que l'eau, & que cependant il eust la respiration comme les Dauphins, & les Balenes. Diray-je mesme qu'il y en a quelques-vns qui sont plus legers que l'eau ? tel qu'est un Chevalier de Malte de nostre connoissance, qui pieds & mains liez demeure sur l'eau sans aller à fond : Et peuteste qu'il en est de mesme de ceux qu'on a coutume quelque part de brusler comme Sorciers, si apres qu'on leur a aussi lié les pieds, & les mains, ils ne peuvent par malheur pour eux descendre au fond.

Mais pourquoy les cadavres des hommes, & des Animaux fraichement morts vont-ils à fond, & que quelque temps

DE LA FACULTÉ 661

aprés on les voit flotter su l'eau? Il est à croire que cela ne vient que de ce que le sel, qui est meslé dās les corps, & qui luy ajoûte beaucoup de pesanteur, se dissout dans l'eau, & sort du corps comme il sort du bois flotté dont les cendres acause de cela ne valent rien pour la lessive; de sorte que le corps estant devenu plus leger que l'eau par cette diminution de poids, il vient à la superficie, & surnage. Aussi arrive-t'il qu'un cadavre vient bien plutost sur l'eau dans la Mer, que dans l'eau douce, parceque l'eau de la Mer estant un peu plus pesante acause du sel qui est meslé dedans, le cadavre pour devenir plus leger que l'eau ne doit pas artendre que l'eau de la Mer ait autant dissout de sel, que devroit faire l'eau d'un Lac, ou d'une Riviere.

Pour dire maintenant un mot de la maniere dont rampent les Animaux, c'est à dire de cette sorte de mouvement qui ne convient proprement qu'aux Animaux terrestres qui n'ont point de veritables pieds ou qui les puissent soutenir sans toucher du ventre la terre; Aristote distingue trois manieres de ramper, dont la premiere est celle des Serpens qui se plient en arc à droit, & à gauche horizontalement. La seconde celle des Chenilles qui se plient aussi en arc, mais dont le ply ou le contour se fait de bas en haut. La troisieme celle des Vers de terre, & des Sangsues.

A l'egard de la premiere, il faut remarquer que si le mouvement à arcs, & à contours des Serpens est tellement fort, & vigoureux comme nous l'observons, cela se doit rapporter en partie à l'epine du dos qui estant de substance osseuse peut faire que l'appuy soit ferme, en partie à la disposition & liaison des Vertebres, qui ne peuvent veritablement pas faire un ply angulaire, mais qui en peuvent neanmoins faire un en Arc, & qui retourne mesme, ou rejaillisse comme une espece de ressort avec beaucoup de force, en partie aux Muscles courts & forts, qui sont de telle maniere situez aux costez de Vertebres, que ceux qui sont à la partie concave des arcs tirent tous ensemble'lorsque ceux qui sont à la partie convexe se tiennent lasches, obeissans, etendus, & comme sans rien faire. Il y a outre cela des Muscles au col, & principalement à la partie de derriere, qui estant tres forts, & tirant fortement en arriere, tendent & esleyent le col, &

la teste, car les Serpens tiennent toujours la teste un peu elevée, & droite ou sans pancher ni à droit, ni à gauche.

Il faut encore observer qu'il n'y a aucune partie qui se repose, ou qui ne se meuve, & n'avance toujours continument, & sans s'arrester, avec cette difference neanmoins que la teste avance directement, & d'une mesme teneur, au lieu que les parties qui se mettent en arc se meuvent inegalement, sçavoir celles qui approchent davantage de la teste plus lentement, & celles qui approchent davantage des courbures du milieu plus viste ; ce qui se peut en quelque façon concevoir de ce qui a esté dit du marcher de l'Homme à l'egard du tronc, des pieds & des mains.

Il faut enfin observer que lorsque les arcs ou les courbures se font à droit, & à gauche le ventre du Serpent traine cependant à terre, & que le Serpent devant s'appuyer, & faire effort contre terre pour se porter en avant, la Nature luy a donné de certaines petites ecailles sur la peau, & principalement au dessous du ventre, afin que ces ecailles se redressant, & pressant, ou poussant la terre qui resiste en arriere, le corps soit comme poussé en avant par la resistance. D'ou l'on doit concevoir en passant, qu'afin qu'un Serpent rampe, & avance aisement, il ne doit pas passer sur des corps qui soient fort polis comme du marbre, ou qui ne fassent pas de resistance comme un tas de sable.

Pour ce qui est des deux autres manieres de ramper, qui sont celle des Chenilles, & celle des Vers de terre, il n'y a pas tant de difficulté, parceque ces Insectes ne se meuvent pas si continument selon toutes leurs parties ; mais comme leur mouvement est fort lent, l'on observe qu'alternativement ils se meuvent d'une partie, & se reposent de l'autre. Il faut neanmoins suppleer cecy, qu'encore qu'en les dissecant on n'observe pas si aisement les Muscles, & leur situation, l'epine du dos, les Vertebres, & leur liaison comme on fait dans les Serpens, il doit neanmoins, comme dit Aristote, y avoir quelque chose d'analogue ; puisque l'on ne sçauroit concevoir qu'un Animal puisse mouvoir aucune de ses parties que par le moyen de quelque organe.

CHAPITRE VII.
De la Fin du mouvement des Animaux, & de leur Passage en des Regions etrangeres.

IL semble qu'après avoir parlé des divers mouvemens des Animaux, nous devrions icy rechercher quelle est la fin de ces mouvemens; mais comme on sçait presque assez qu'ils ne se meuvent qu'afin de pourvoir aux choses qui sont necessaires pour leur conservation, & par consequent de fuir les choses nuisibles, & se porter à celles qui sont utiles & plaisantes, comme le boire, le manger, l'accouplement, &c. & enfin passer dans une demeure plus commode, la difficulté qui reste regarde principalement leur passage d'un Païs à un autre. Car il est certain qu'entre les Oyseaux il y en a quelques-uns qui pour eviter les froidures de l'Hyver, & les chaleurs de l'Esté, passent d'une region à une autre, comme les Gruës que nous voyons tous les ans au Printemps venir du Midy au Septentrion, & s'en retourner à l'Automne du Septentrion au Midy.

Les Grecs ont ecrit que les Gruës specialement passent de Thrace en Egypte, en Lybie, en Ethiopie, aux Sources du Nil, où, ce n'est point une Fable, dit Aristote, qu'elles combattent contre les Pygmées, quoy qu'il n'en cite aucuns temoins oculaires. Elian les compare aux Roys de Perse qui l'Esté demeurent à Suses, & passent l'Hyver à Ecbatane. Ceux qui navigét au Printemps, & à l'Automne dans la Mediterranée, voyent quelquefois leurs Navires couverts d'oyseaux qui se viennent jetter dessus pour se reposer, & qui sont si las qu'ils ne se peuvent emuer; desorte qu'on ne sçauroit douter qu'il n'y en ait quelques-uns qui passent d'une region à une autre; mais l'on ne demeure pas d'accord pour cela que toutes ces sortes d'Animaux soit terrestres, soit Poissons, soit Oyseaux qui disparoissent à l'Automne, & qui commencent de se laisser voir au Printemps, s'en aillent bien loin, viennent de bien loin, & traversent mesme les Mers, comme on croit d'ordinaire que font les Oyseaux.

Car pour parler premierement des Insectes, il est constant qu'ils cherchent presque tous de certains lieux secrets &

ecartez dans lesquels ils puissent se cacher, & demeurer endormis, & comme morts pendant l'Hyver, & d'ou ils puissent sortir comme ressuscitez à la premiere chaleur du Printemps. Ie dis des lieux secrets & ecartez, parce qu'on ne les trouve que tres rarement, & par hazard ; tant les Animaux ont d'adresse & de prudence à se cacher l'Hyver dans des lieux que nous ne puissions pas rencontrer, & dont nous ne nous puissions pas defier. Et certes qui est-ce qui auroit pû deviner non seulement qu'une Tortue de terre, mais qu'un Limaçon mesme, un animal si paresseux, & si inepte en apparence à foüir la terre, la creusast neanmoins si profondement sans que personne s'en prenne garde, qu'on en trouve quelquefois à plus de demy pied en terre contre de petis arbres, & principalement contre la Vigne, s'estant fait une enveloppe d'une espece de crouste pour se couvrir ?

Il n'y a presque que les Abeilles domestiques qui se retirent dans les Ruches ausquelles nous les accoûtumons; encore Aristote tiét-t'il qu'elles demeurent aussi quelquefois endormies & sans manger pendant l'Hyver, fondant sa conjecture sur ce que s'il en sort par hazard quelqu'une, comme il arrive quelquefois dans un beau jour, on la voit le ventre luisant, & vuide.

Il y a neanmoins plusieurs Insectes qui ne paroissent point tant au Printemps parcequ'ils ayent demeuré endormis durant l'Hyver, que parcequ'ils naissent des œufs que ceux qui vivoient durant l'Esté ont repandu sur la terre avant de mourir, comme quelques aragnées, quelques chenilles, quelques mouches, &c.

Entres les Animaux à quatre pieds, & qui font leurs petits vivans, il y en a aussi plusieurs comme les Loires, les Marmotes, les Porcs-epy, & autres que le sommeil de l'Hyver prend, & assoupit de telle maniere qu'il y a de la peine à les reveiller avec le feu ; car ils ne sentent pas quand on les disseque, quoy qu'ils commencent à remuer quand on les jette dans de l'eau chaude. Les Ours mesmes, au rapport de Pline, & d'Olaus demeurent les quarante jours, & davantage cachez, estant le tiers de ce temps-là tellement assoupis qu'ils ne se meuvent point du tout, ni ne sentent aucunement les blessures.

Tout cecy nous donne donc sujet de douter si de mesme que les Animaux terrestres se tiennent cachez l'Hyver dans des trous, & dans des cavernes, & ne passent point dans des Regions etrangeres; ainsi tous ces oyseaux, & tous ces poissons que nous croyons s'en aller, & retourner ne se cacheroient point aussi pendãt l'Hyver plutost que de chãger de païs & de passer à des Regiõs eloignées.

Pour ne nous arrester pas beaucoup aux Poissons, puisqu'il est si difficile de sçavoir ce qui se fait & ce qui se passe sous les eaux, l'on peut veritablement dire qu'il y a des poissons de passages, ceux qui au Printemps entrent dans la Mer du Martegue en Provence, & qui à l'Automne retournent dans la Mediterranée en sont une preuve convaincante; mais qui est-ce qui peut sçavoir s'ils s'en vont dans une Region plus douce que la nostre, ou s'ils se retirent seulement dans quelques endroits de la Mer plus profonds, & plus eloignez de la froideur de l'Air, & où sont ces endroits, & ces profondeurs? Qui est-ce, dis-je, qui peut sçavoir si les Tons, l'Esturgeon, le Saumon, les Sardines, & tant d'autres dont on a une si grande abondance en certaines Saisons, & une si grande disette en d'autres, viennent de bien loin, ou s'ils ne font que sortir de quelques goufres, de quelques antres, & de quelques cavernes peu eloignées de nous dans lesquelles il s'estoient retirez?

N'en seroit-il point aussi de certains Poissons, comme de ces troupeaux d'Arabes, de Turcomans, & de Tartares, qui passent de Contrées en Contrées pour y aller chercher les pasturages qui s'y trouvent ça ou là selon les Saisons? Et n'y auroit-il point des poissons qui passeroient de mesme de Climats en Climats pour y aller vivre des herbes qui y naîtroient en certains temps? Car nous avons appris de personnes dignes de foy que ce grand Banc où se fait la pesche des Mouriies qui y viennent tous les ans, est tout couvert d'herbes qui apparemment les attirent là, & qui leur doivent servir de nourriture; puisque quand on les ouvre, on ne leur trouve d'ordinaire autre chose dans le ventre que de l'herbe. Ces mesmes personnes nous ont appris une autre chose fort remarquable pour faire voir que les Balenes ne vivent pas de poisson, & que ce que l'on en dit est une pure fable; ils m'ont rapporté qu'ils se sont plusieurs fois trouvez à la pesche qui s'en fait tous les ans en Esté vers le Nord, qu'il ne se voit presque point alors de poisson dans cette Mer là, & qu'ayant pris plaisir d'ouvrir plusieurs Balenes, ils ne leur ont aussi trouvé le ventre remply d'autre chose que d'herbes plus ou moins digerées comme dans les Vaches.

Pour ce qui est des Oyseaux, il faut avoüer, comme nous avons deja fait, qu'il y en a qui viennent de bien loin, telles que sont principalement les Grues, qui, comme dit Aristote, s'en vont aux extremitez du Monde : Et peuteftre mesme les Tourterelles qui se trouvent tous les ans dans une certaine Contrée de l'Amerique en si grande quantité, qu'en quatre ou cinq lieües de pays qu'elles remplissent il n'y a presque point d'arbre où il n'y en ait des centaines de nids: Et peuteftre mesme encore les Cailles qu'on voit tous les ans sur les Costes de Provence venir du costé de la Mer comme de grandes nuées, & couvrir, pour ainsi dire, de certaines petites Campagnes où elles s'arreftent trois ou quatre jours seulement pour se reposer.

L'on ne doit neanmoins pas dire le

mesme generalement de tous les autres qui nous saluent au Printemps, & qui prenent congé de nous à l'Automne, mais il semble qu'il faut user de distinction comme fait Aristote. Car s'il y a, dit-il, des pays plus chauds qui soient proches, ils y passent de ceux qui sont plus froids, & reviennent a ces mesmes pays quand la temperature de la Saison revient; mais si ces pays sont fort eloignez ou de difficile accez, alors les Oyseaux cherchent dans ces mesmes pays froids des lieux où ils se puissent cacher, & où ils puissent passer l'Hyver endormis, comme les Insectes, les Serpens, les Loyres, & autres.

Ce n'est peutestre pas qu'il n'y en ait quelques-uns des plus courageux qui se fiant sur la force de leurs ailes, & prenant la Mediterranée pour quelque Lac, se hazardent de passer outre; & une marque de cecy est, comme nous avons deja dit, qu'il s'en trouve quelquefois qui au milieu de la Mer se viennent jetter sur les Vaisseaux si las qu'ils se laissent plutost prendre avec la main que de se remuer; mais il y a de l'apparence que ceux qui sont moins hardis tentent veritablement de s'approcher des pays plus temperez, mais que ne pouvant pas y arriver

arriver, & que ne trouvant pas où ils sont parvenus ni la temperature de l'air commode, ni les grains, ou les Insectes qui leur sont necessaires pour vivre; il y a, dis-je, de l'apparence que se trouvant dans ces extremitez ils cherchent de certains valons entre des montagnes, des crevasses, des trous, & autres lieux dans lesquels ils puissent se retirer, & se cacher. Aussi les Oyseleurs dans la Guyene remarquent qu'ils vont peu à peu traversant le pays, & qu'ils se vont enfin jetter dans les valons des Pyrenées. Et Aristote temoigne qu'on a veu des Milans, d'abord qu'ils commencoient de paroitre, sortir de ces sortes de lieux, de ces trous, & de ces crevasses de montagnes, & que dans ces mesmes lieux on avoit trouvé des hirondeles sans plumes.

Il s'en est de mesme trouvé en Allemagne dans de certains arbres creux qu'on coupoit par hazard pour mettre au feu; & nous avons un temoin oculaire dans nostre Champagne qui rapporte qu'ayant mis un jour de Noël un gros tronc d'arbre dans le feu, & que ce tronc estant à demy bruslé, il sortit & tomba par un des bouts un Coucou sans plumes qui mourut incontinent.

De plus, le Sr. Gaffarel nous a depuis peu asſuré qu'un certain Auguſtin Reformé de ceux qui demeurent dans la foreſt de Fōtainebleau, luy avoit dit que revenant un ſoir de la promenade à ſon Convent, il avoit apperçeu un Oyſeau ſortir d'un trou d'un arbre qui eſtoit creux, & percé en deux endroits ; que le lendemain eſtant allé proche de l'arbre avec ſes freres pour reconnoitre quel oyſeau ſe pourroit eſtre, l'oyſeau ſortit au bruit ; que taſchant enſuite avec aſſez de peine de fourrer quelque choſe par le trou d'en haut pour voir ce que c'eſtoit, ils appercurent que le trou d'en bas eſtoit bouché, & que l'ayant ouvert ils trouverent dedans ſoixante & dix, ou quatre vingt ſouris toutes vives, & des epys de bled pour remplir deux ou trois chapeaux, mais que toutes ces ſouris avoient les cuiſſes rompues. Ces ſouris devoient apparemment eſtre la proviſion du Hybou, qui leur auroit rompu les cuiſſes de peur qu'elles ne s'en fuiſſent, & qui leur auroit apporté des epys de bled pour les nourrir quelque temps, cependant qu'il les mangeroit l'une apres l'autre.

L'on dit auſſi qu'en Allemagne on trouve quelquefois des hirondelles dans de vieux troncs d'arbres, mais ce qui s'en dit d'ordinaire dans la basse Allemagne aux environs de la Mer Baltique, dans la Moscovie, & dans tout le Nord est bien plus admirable; l'on assure qu'elles se cachent par petis pelottons sous l'eau, & dedans la glace, ou sous la glace aux bords des lacs & des Etangs, qu'elles passent là tout l'Hyver, & qu'au Printemps que la glace se fond elles sortent de là, & commencent à voler. C'est ce que j'ay appris de plusieurs personnes dans Dantzic, & je suis fort trompé si Mr. Hevelius cet illustre Mathematicien ne m'a ainsi raconté la chose.

L'on ajoûte d'un certain Religieux nommé Possevin qui estoit envoyé pour Ambassadeur en Moscovie, que ne voulant rien croire de cela, on luy apporta dans un Poële un morceau de glace dans lequel il y avoit plusieurs hirodeles prises, & que la chaleur du lieu ayant fait fondre la glace, les hirondeles commencerent de voler par la chambre, mais qu'apres avoir fait quelques tours, ça & là, elles tomberent mortes.

Olaüs avoit deja dit la mesme chose, avec cette circonstance particuliere, que les hirondeles sur la fin de l'Automne s'amassoient sur la teste d'un roseau, bec contre bec, aile contre aile, & pied contre pied, & que le roseau pliant peu à peu elles se laissoient ainsi aller dans l'eau en un petit pelotton, qu'elles sortoient veritablement du fond de l'eau au Printemps, mais que si l'Hyver recómencoit, comme il arrive quelquefois avec quelque grande chute de neiges, elles mouroient toutes, & qu'il ne s'en voyoit que fort peu tout l'Esté, asçavoir celles qui estoient sorties tard des eaux plus profondes, ou qui estoient venües d'ailleurs des pays plus eloignez où elles avoient passé de bonne heure dés le commencement de l'Automne, & avant que de s'estre laissées surprendre comme les autres plus paresseuses par la rigueur de l'Hyver.

L'on dit de mesme des Cicognes, qu'il y en a qui se tiennent cachées tout l'Hyver sous l'eau dans le Lac de Cone, & qui en sortent aussi le Printemps. Et Campo Fulgensius rapporte qu'en Lorraine on en a aussi trouvé sous les eaux, qui ayant esté jettées dans de l'eau chaude ont repris vie. Ce qui fait que ces paroles se lisant dans Pline, *l'on n'a encore point sceu jusques à present ni d'ou viennent, ni où s'en vont les Cicognes.* L'on en a bien veu des troupes qui sembloient avoir dessein de s'en aller, mais personne n'en a jamais veu partir ; & nous les voyons bien venuës, mais non pas venir ; l'un & l'autre se fait de nuit ; & quoy qu'elle volent deça & delà, jamais neanmoins on ne croit nulle part qu'elles ayent arrivé que la nuit ; ce qui fait, dis-je, que ces paroles se lisant dans Pline, il y a quelque sujet de soupçonner que toutes les Cicognes ne viennent point, comme il dit, de fort loin, ou qu'elles ne s'en vont pas bien loin, mais qu'elles se retirent peuteftre de telle maniere dans les Etangs, & dans les Lacs ecartez, qu'on ne remarque point ni quand elles y entrent, ni quand elles en sortent. Ce qui se doit penser non seulement des hirondeles, mais encore de ces autres oyseaux, des Etourneaux par exemple, des Merles, des Cailles, des Tourterelles, des Ramiers, des Tourdes, & des Rossignols qui ne decouvrent point aux hommes ni où ils vont, ni d'ou ils viennent.

LIVRE VII.
DU TEMPERAMENT DES ANIMAUX.

CHAPITRE I.

Ce que c'est que Temperature, ou Temperament selon l'Opinion commune.

COMME temperer en general n'est autre chose que moderer, ou reduire quelque chose qui excede à une certaine mediocrité, il semble que temperer soit presque le mesme que mesler, & que le mot de Temperature, de Contemperation, ou de Temperament, vienne à peu prés à celuy de κρᾶσις, qui veut dire une *mixtion*, ou un meslange; parce qu'une chose ne sçauroit estre meslée avec d'autres, qu'elle ne soit, pour ainsi dire, emoucée, affoiblie, moderée, temperée.

En effet, soit que le meslange se fasse de choses contraires, & mutuellement opposées, comme de chaud & de froid, de blanc & de noir, de doux & d'amer, soit de choses simplement dissemblables, comme de grains de divers legumes, il est constant que de l'une & de l'autre maniere chaque chose est comme emoucée, & affoiblie dans le meslange, & qu'il se fait une certaine contemperation du tout, & une certaine moderation ou temperature.

Car à l'egard de la premiere maniere qui est de choses contraires, il est evident que le chaud & le froid, par exemple, ne sçauroient estre meslez, que dans la chose meslée il ne se sente & moins de chaleur, & moins de froideur : Et à l'egard de la derniere maniere qui est de choses seulement dissemblables, il est aussi evident que ces choses qui prises à part & separement paroissent beaucoup, sont comme enterrées quand elles sont meslées avec d'autres, & qu'il se fait un amas, dans lequel chaque chose paroit moins qu'elle ne faisoit avant la mixtió.

L'on dira peuteftre d'abord qu'il n'en est pas des choses simplement dissemblables, comme de celles qui sont conraires ou opposées, parceque celles-là ne font emoucées qu'en apparence, au lieu que celles-cy le font en effet; mais à bien considerer la chose, il n'y a point d'autre difference que selon le plus & le moins. Car de mesme qu'apres qu'on a fait un meslange de grains, il est vray de dire que là où est la feuve, là n'est pas le pois, & que là où est le pois, là n'est pas la feuve ; ainsi lorsqu'une chose chaude a esté meslée par petites parcelles avec une froide, il est vray de dire que là où il y a une parcelle de la chose chaude, là il n'y a aucune parcelle de la froide, & que là où il y a une parcelle de la froide, là il n'y a aucune parcelle de la chaude: Et il n'en arrive point autrement lorsque le sec & l'humide, le blanc & le noir, ou quelques autres contraires se meslent. Car leurs parties ne se detruisent pas davantage que ces grains de legumes quand ils sont meslez, mais elles sont seulement separées ou desassociées les unes des autres.

Tout ce qu'il y a de difference est, que les divers grains estant assez gros, ils peuvent estre discernez, ou distinguez par le Sens, au lieu que les parcelles des contraires sont trop petites pour que le Sens les puisse discerner; ce qui fait que là où il y a, & où l'on sent une parcelle, là mesme on croit qu'il y en a, & que l'on en sent une autre, sçavoir celle qui en est la plus proche; desorte que le Sens ne *percevant* point l'une sans l'autre, l'une & l'autre luy paroit emoucée & affoiblie.

Ainsi lorsqu'on dit qu'un contraire est emoucé, reprimé, affoibly, ou temperé par un autre, ce n'est pas qu'il s'en perde, ou qu'il en perisse quoy que ce soit; mais c'est que sa vigueur qui consiste dans l'union de ses petites parties, est tellement divisée & dispersée acause de la separation de ces parties, & de l'interception des parties contraires, qu'elle ne se peut pas faire sentir avec tant de force que si elle estoit unie; & de là vient que si les mesmes particules dispercées peuvent estre rassemblées, & reunies, la mesme vigueur se fait derechef sentir. Mais tout cecy se pourra entendre plus au long de ce qui a esté dit çà & là en son lieu en traitant des Qualitez, comme lorsque nous avons expliqué la maniere dont se fait l'augmentation de la chaleur, & de la froideur; ou en parlant de la Mixtion mesme, lorsque nous avons montré entre autres choses que l'eau & le vin ne sont jamais mesle ensemble de telle maniere que les particules de l'un & de l'autre ne retiennent chacune leur nature d'eau, & de vin. Ce que j'en touche icy n'est que pour insinuer que le Temperament se peut faire de principes qui ne soient pas contraires, & que dans celuy-là mesme qui est fait de contraires les particules peuvent demeurer en leur entier. Nous parlerons de l'un & de l'autre Temperament ; neanmoins comme celuy qui est de principes qui ne sont pas contraires tels que sont le Sel, le Soufre, & le Mercure, ou les Atomes, comme nous dirons en suite, est plus caché que celuy qui se fait de contraires, il nous faut premierement dire quelque chose de celuy-cy comme plus manifeste & plus celebre.

Premierement je ne m'arreste pas à examiner pourquoy de toutes les Combinaisons de Contraires on en a seulement chosy deux, & qu'ainsi on ne prend que quatre Contraires à temperer, asçavoir le Chaud & le Froid, l'Humide & le Sec ; Comme si l'on ne pouvoit pas avec autant de raison prendre le Rare & le Dense, le Pesant & le Leger, ce qui se meut & ce qui est en repos, le Poly & l'Aspre, l'Aigu & l'Obtus, &c.

Du Temperament

Je ne m'arreste pas auſſi à marquer que ſous le nom de ces quatre Contraires l'on entend les quatre Elemens du Monde, ſçavoir le Feu qui eſt tres chaud, & moderement ſec, l'Eau tres froide, & moderement humide, l'Air tres humide, & moderement chaud, la Terre tres ſeche, & moderement froide : Car, ni il n'y a point quatre Elemens dans le Monde, puiſque du moins le feu qu'on met au deſſus de l'Air, & dans le Concave de la Lune n'y eſt aſſurement point ; ni ils ne ſont point doüez des autres Qualitez qu'on leur attribüe, puiſque l'Air n'eſt conſtamment point plus humide que l'Eau, ni l'Eau plus froide que l'Air.

Je ne m'arreſte pas enfin à ce que quelques-uns ont dit apres Avicenne, que ce n'eſtoit point tant les Elemens qui eſtoient temperez que leurs qualitez ; car ce doit plutoſt eſtre, ce ſemble, les Elemens ou leurs ſubſtances qui agiſſent, qui patiſſent, qui ſoient reprimées, confondües, meſlées, & temperées, que leurs ſimples qualitez : Et Galien ſemble bien plus raiſonnable lorſqu'il dit qu'il en eſt des ſubſtances des Elemens comme de celles de l'eau & du vin, qui eſtant diviſées en petites parcelles ſe meſlent parfaitement.

Je ne m'arreste point, dis-je, à examiner ces choses, & plusieurs autres de la sorte, mais pour n'oublier rien de ce qui regarde la Doctrine commune, j'admets quatre certaines Substances, asçavoir une chaude, une froide, une humide, & une seche, qui soit qu'elles tiennēt ces qualitez des Elemens, ou du Ciel, ou d'ailleurs, soient meslées, & temperées, & soient par consequent les mesmes qu'Hippocrate & quelques autres appellent le Chaud, le Froid, l'Humide, le Sec, & conformement ausquelles le Temperament est definy *Vn certain meslange convenable de Chaud & de Froid, d'Humide & de Sec ;* ou *Vn meslange des quatre Elemens propre & convenable pour agir;* ou *Vne Harmonie des quatre premieres Qualitez reprimées, & moderées* ; ou comme dit Avicenne, *Vne certaine Qualité qui naist & provient de l'action, & de la passion des premieres Qualitez, & qui est cause de l'action.*

Or il y en a quelques-uns qui croyent qu'Avicenne dans cette derniere definition a entendu une simple qualité, & d'autres un amas des quatre premieres qualitez moderées & temperées ; mais nous n'avons pas entrepris de demesler toutes ces Chicanes.

Ajoûtons seulement pour n'ignorer pas les manieres ordinaires de parler, que le Temperament est quelquefois appellé Constitution, comme estant propre & convenable pour constituer la nature d'une chose ; & quelquefois Complexion, comme comprenant tout ce qui fait qu'un Animal est enclin à telle, ou à telle chose ; mais alors le Temperament se considere dans les humeurs qu'on croit naistre d'un certain & particulier meslange de ces quatre Elemens susdits.

Car l'on dit vulgairement que le Sang est chaud & humide, ou de nature aërée ; que la Pituite est froide & humide, ou de nature aqueuse ; que la Bile-jaune est chaude & seche, ou de nature ignée; que l'Atrabile est seche & froide, ou de nature terrestre : Et consequemment si un homme est d'un temperament chaud & humide, on dit qu'il est Sanguin, ou de complexion sanguine ; s'il est d'un temperament chaud & sec, qu'il est Bilieux, ou de complexion bilieuse, & colerique, & ainsi des autres.

L'on s'est aussi avisé de dire à l'imitation des Humeurs, que le Temperament du Printemps est humide & chaud ; celuy de l'Esté chaud & sec; celuy de l'Automne froid & humide ; celuy de l'Hyver sec & froid. Il y en a mesme qui taschent de distinguer de la sorte les Climats, mais ils ont de la peine à y trouver leur conte; parceque du costé de l'un & de l'autre Pole l'on ne reconnoit qu'une seule Zone temperée, & que des autres Zones l'une est appellée Torride, l'autre Glaciale.

Des Humeurs l'on passe aux parties fixes ou non-coulantes du Corps, qui sont ou Spermatiques, c'est à dire formées de semence, comme l'Os, le Cartilage, les Ligamens, le Nerf, l'Artere, & la Membrane ; ou Sanguines, c'est à dire formées de sang, comme la chair commune des Muscles, & la chair particuliere des Visceres, du Cœur, des Reins, du Foye, du Poûmon, & de la Rate, & l'on soutient que les premieres sont froides & seches, & les dernieres chaudes & humides, comme tenant de la nature du Sang.

Cependant l'on voit d'un costé Aristote qui pretend que la Graisse qui est aussi formée de semence, est chaude, ou de nature ignée, comme estant engendrée par la force de la chaleur, & aisément inflammable ; & d'un autre costé

Galien soutient le contraire. De mesme Aristote soûtient que le Cerveau est tres froid, & cependant Galien soûtient qu'il est plus chaud que quelque Air que ce soit, comme estant continuellement rafraichy par l'Air. Enfin l'on ne sçauroit trop s'etonner de l'embarras, de l'obscurité, & du peu de fondement qu'il y a dans tout ce qui se dit du Temperament consideré selon l'Opinion commune, c'est à dire comme resultant du meslange des quatre Elemens ordinaires, ou de la contemperation de leurs quatre premieres & contraires qualitez.

Qu'il suffise donc de remarquer par avance, que lorsque chaque partie du corps est dans la temperature, & dans *la disposition* qu'elle doit naturellement avoir pour bien exercer ses fonctions, c'est pour lors qu'on peut dire que l'Animal est dans un juste Temperament, *gaudere tunc Animal temperamento temperato ad justitiam.* J'ajoûte exprés le mot *de disposition*, parceque la disposition, la jonction, & la communication mutuelle des parties doit toujours estre supposée ; ensorte que le Temperament ne soit pas seulement comme une Harmonie formée par des Sons graves, &

aigus qui gardent entre-eux une juste proportion, mais que l'Animal soit aussi en soy comme une Republique dont tous les membres gardent leur ordre, & s'acquittent de leurs fonctions.

CHAPITRE II.
Du Temperament selon les Chymistes.

COmme les Chymistes se vantent de pouvoir resoudre tous les corps mixtes en ces cinq Substances qu'ils enoncent sous les noms de Sel, de Soufre, de Mercure, d'Eau, & de Terre, aussi veulent-ils que toutes choses soient formées de ces cinq Substances diversement temperées entre elles ; ensorte que selon que celle-cy, ou celle-là, ou plusieurs seront en moindre, ou en plus grande quantité dans un assemblage, il naisse un corps d'une telle, ou d'une telle nature.

D'ailleurs comme ils ne conviennent pas avec l'Opinion commune dans le nombre des Elemens, ils ne conviennent pas aussi dans la contrarieté; car ils tiennent veritablement que le Soufre, quoy que froid au toucher, est neanmoins chaud, parceque c'est une espece d'huile inflammable, & qu'estant pris par la bouche il excite incontinent une chaleur par tout le corps. Ils veulent mesme encore que le Mercure ou l'esprit, & le sel soient chauds, acause de leur vertu corrosive & caustique, mais ils ne veulent pas que l'Eau, & la Terre soient plutost froides que chaudes, & ils soûtienent que s'il arrive quelquefois qu'elles le soient, elle tienent cela ou de la froideur de l'Air, ou de la chaleur du Soleil, ou de quelque autre Agent exterieur ; d'ou vient qu'ils sont bien eloignez de croire que l'essence de la mixtion, & de la contemperation se doive prendre de la contrarieté de la chaleur, & de la froideur, d'autant qu'ils ne font aucune de leurs cinq Substances froide de sa nature ; la froideur selon eux estant une pure privation de chaleur, ce qui ne se peut neanmoins aucunement soutenir, comme nous avons montré en son lieu.

Pour ce qui est des deux autres Qualitez, ils font veritablement l'Eau humide, & la Terre seche ; mais ils font aussi le Souffre & le Mercure humides, acause qu'ils font autant fluides que l'Eau, & ils veulent aussi que le Sel soit sec acause de sa coagulabilité, & fixité : Enfin ils veulent que ces humides se temperent tout d'une autre maniere que l'Eau, & l'Air dans l'Opinion commune, & leurs secs tout d'une autre maniere que la Terre, & le Feu. Car ils tirent l'essence de la mixtion, & de la contemperation, de ce que le Sel soit la base de la solidité, comme estant celuy sans lequel les quatre autres substances quoy que diversement meslées, demeurent fluides & coulantes, & que l'Eau soit necessaire afin de dissoudre le sel en parties tres petites pour pouvoir estre meslé avec toutes les parties qui doivent estre rendues solides & compactes : Et parceque la compaction qui vient du sel seul seroit trop roide, & trop cassante, ils mettent le Souffre, ou l'huile pour la rendre plus douce, & plus tenace.

Ils font de plus intervenir le Mercure, ou l'esprit, qui penetrant de toutes parts anime, pour ainsi dire, toute la masse, la fermente, & par son agitation ayde la dissolution, & la mixtion : Et par ce que le sel dissous, & humecté par l'eau ne sçauroit ni se prendre ou se rejoindre soy-mesme, ni coaguler les autres humeurs que l'eau ne soit beüe, ils font survenir la Terre, qui par son avidité, & par ses pores la succe & la boive, ou l'absorbe ; si bien que l'arrestant, & la fixant, elle est comme cause de ce que tout le corps prend une consistance convenable : Et c'est ainsi generalement que selon eux se fait la mixtion, & la contemperation des Mixtes.

Ie dis generalement, car quand ils viennent au detail, ils reconnoissent que la temperature des Animaux consiste en ce qu'il y ait en eux de l'eau, & de l'esprit beaucoup, du sel, & du souffre abondamment, & de la terre mediocrement. Celles des Plantes chaudes, qu'il y ait beaucop de souffre, peu de terre, d'eau & de sel, & du mercure mediocrement; & celle des froides, qu'il y ait beaucoup d'eau, & peu des autres. Celle des Metaux, qu'il y ait beaucoup de sel, & de mercure, peu de souffre, & encore moins de terre, & d'eau. Des moyens Mineraux, & des Sels vulgaires, qu'il y ait beaucoup de terre, de Sel Elementaire, & de mercure, & peu des auttes. Du Bitume, qu'il y ait du souffre abondamment, beaucoup de sel, peu d'eau, & des autres mediocrement. Du Souffre vulgaire, qu'il y en ait beaucoup de l'Elementaire, peu de terre, tres peu d'eau, du sel, & du mercure mediocrement. Des Marcasites & de l'Antimoine, qu'il y ait beaucoup de mercure, peu de sel, tres peu d'eau, & des autres mediocrement. Des Terres vulgaires, qu'il y ait beaucoup de l'Elementaire, peu de mercure, tres peu de souffre, & d'eau, & du sel mediocrement. Des Terres precieuses, comme est celle de Lemnos, qu'il y ait beaucoup de l'Elementaire, peu d'eau, & mediocrement des autres.

Que le Temperament doit estre pris d'ailleurs que des Elemens vulgaires.

OR je touche simplement, & en peu de mots toutes ces choses, pour insinüer que les Temperamens peuvent estre pris d'ailleurs, & estre expliquez d'une autre maniere que par les quatre Elemens vulgaires, & leurs qualitez contraires.

Je dis de plus, que ceux qui reconnoissent des principes anterieurs non seulement aux quatre Elemens vulgaires mais encore à ceux des Chymistes, peuvent defendre que le Temperament naist ou se fait d'autres choses que de ces quatre Elemens ou qualitez contraires ; car comme ils ne font pas leurs principes d'une nature absolument semblable ou uniforme comme Aristote a fait sa Matiere premiere, ils peuvent soûtenir que ces principes se peuvent si diversement mesler entre eux, que non seulement les Elemens vulgaires, & les Chimiques en puissent estre formez, & sortir, mais encore une infinité d'autres, quoy que nous ignorions quels ils sont, ou de quels meslanges ils naissent, ou se font.

Je sçais bien qu'on dira d'abord que c'est se rendre ridicule, & deviner à plaisir si ces principes ou Elemens sont ignorez, & si l'on ne peut pas montrer quels ils sont comme l'on montre les substances chaudes, froides, humides, seches qui naissent des Elemens vulgaires, ou les sulfurées, les terrestres, les aqueuses, les salées, les mercuriales qui naissent des Elemens Chymiques.

Mais premierement, de mesme que si avant l'invention de la Chymie quelqu'un eust conjecturé qu'il y eust eu d'autres principes differens des Elemens vulgaires dans lesquels toutes choses pûssent estre resolües, & desquels toutes choses fussent par consequent formées, celuy là eust à tort passé pour redicule, quoy qu'il ne les eust pas pû montrer de mesme que le feu, l'eau, & la terre se montrent ; ainsi certes il ne faut pas craindre que celuy-là passe pour ridicule qui conjecture qu'il y a d'autres principes que les vulgaires, & les Chymiques, quoy qu'il ne les puisse pas montrer, ou qu'il ne puisse pas dire quels ils sont.

D'ailleurs, pourquoy cette conjecture passeroit-elle pour ridicule, s'il n'y a que tres peu d'effects dont on puisse rendre raison par la Temperature des Elemens vulgaires, & par celle des Elemens Chymiques, & qu'il y en ait une infinité qui ne se peuvent aucunement rapporter ni à l'une ni à l'autre Temperature ? Car si l'on veut comparer les Elemens vulgaires avec les Chymiques, il faut que ceux qui les defendent, & qui soutiennent par consequent que toutes choses en sont composées, soutiennent au moins que le Soufre, le Mercure, & le Sel sont formez de feu, d'air, d'eau,

& de terre. Mais comment persuaderont-ils qu'il y ait de l'eau dans l'huile, de la terre dans le mercure, & ainsi des autres; puisque les Chymistes demontrent qu'il ne s'y trouve rien de tel?

Il faut aussi que ceux qui defendent les Elemens Chymiques, & qui veulent que toutes choses en soient composées, disent du moins que l'air, & le feu sont formez de soufre, de terre, d'eau, de sel, & de mercure. Mais comment persuaderont-ils qu'il y en ait aucun d'eux dans l'Air; puis qu'ils n'en font aucun froid, & que cependant ils avoüent que l'Air est tellement froid, que s'il y a quelque froideur dans l'eau, ou dans les autres, elle leur vient de l'Air? Ne faut-il pas du moins ou que l'Air soit un principe, ou qu'outre ces cinq il y en ait un autre qui soit la cause de sa froideur? Et derechef comment pourront-ils dire qu'il y ait de l'eau dans le feu, puisqu'ils montrent eux-mesmes que ce n'est nullement l'eau, mais le soufre qui contient les semences de feu? Et comme ils veulent d'ailleurs que le soufre avec les quatre autres soit la premiere matiere dans laquelle toutes choses enfin se resolvét, comment pourront-ils particulierement soûtenir cela de soufre; puisqu'ils avouent qu'il peut de plus estre resous en feu? Diront-ils que ce feu ne perit pas, & qu'il peut derechef estre resous en Soufre? Mais outre qu'ils n'ont jamais resout de feu en soufre, ne s'ensuit-il pas delà que ni le feu, ni le soufre ne peuvent estre dits matiere premiere, mais qu'il y en a une autre anterieure qui est le sujet commun de la transmutation reciproque?

Mais pour ne m'arrester pas à cecy, je demanderois volontiers aux uns & aux autres à quelle temperature enfin ils rapportent tant de Proprietez qui s'observent dans les Mixtes, & premierement dans ceux qui sont inanimez? Je ne veux pas certes proposer la vertu de l'Aiman, il n'est que trop evident qu'il y auroit de la folie à qui voudroit tenter de dire quelle doit estre la temperature de feu, d'air, d'eau, & de terre, ou de soufre, de terre, d'eau, de sel, & de mercure, afin que de ce meslange il en naisse & suive une vertu si admirable. Je ne propose pas cent autres choses de la sorte, qui ne sont pas moins admirables, quoy qu'elles ne soient pas tenües pour telles, & qui ne rendroient pas moins un homme

Du Temperament 997

me ridicule s'il entreprenoit d'expliquer le meslange & la temperature d'où elles naissent.

Je choisis seulement cette Figure qui est si reguliere dans les Sels, dans les Marcasites, & dans les Pierres, & je demande tant à ceux qui veulent que les corps soient composez des Elemens vulgaires, qu'à ceux qui les cóposét des Elemens Chymiques, de quelle maniere ils pretendent que ces Elemés doivent estre meslez & contemperez pour que l'Alun, par exemple, soit si justement, & si regulieremét formé en octahedres? Car il n'y a aucun Element particulier qui ait cette figure, & il n'y en a point ni deux, ni trois, ni plusieurs qui meslez ensemble affectent de la laisser exterieurement, ostez de celuy-cy, ajoutez de celuy-là, vous diversifierez le meslange, mais vous ne donnerez jamais cette figure. En un mot, si vous n'avez recours à d'autres principes ou elemens, vous n'entendrez jamais, ou ne ferez jamais entendre comment l'Alun prend cette figure.

Ne direz-vous point peuteftre, que du meslange, & de la temperature particuliere des Elemens il en resulte une forme essentielle dont cette figure soit une proprieté? Mais comme cette forme doit sa substance, & son origine aux Elemens meslez ensemble, si la difficulté n'est augmentée, du moins demeure-t'elle la mesme. Direz-vous que cette forme, ou cette proprieté soit produite par l'agent? Mais la difficulté revient, & demeure toûjours toute entiere, puisque l'agent doit luy-mesme estre formé des mesmes Elemens.

Si nous voulions ainsi parcourir les choses vivantes, & animées, & premierement les vegetables, combien trouverions-nous de semblables proprietez & vertus admirables qu'on ne sçauroit raisonablemét rapporter à aucun meslange des Elemens soit vulgaires, soit Chymiques? Car de dire, par exemple, que la Cygue tue l'homme par sa temperature froide, c'est veritablement reconnoitre quelque chose de froid dans cette plante, mais ce n'est point dire quelles sont les autres choses qui doivent entrer dans la composition de la plante, ni de quelle maniere elles doivent estre meslées avec ce froid pour qu'il en resulte une plante d'un froid mortel. Et certes, comme ce froid doit provenir de l'eau, & de la terre, mais principalement de l'eau selon les premiers, & qu'il faut qu'il soit temperé par la chaleur du feu, & de l'air qui s'y trouvent meslez, diront-ils comment il se peut faire, ou d'ou vient qu'un peu de Cygue, qu'on prend tue ainsi un homme, & que de l'eau pure prise en abondance ne le tue pas? Et si tant s'en faut que la Cygue tue les Cailles, & les Chevres, qu'elle les nourrit, & les engraisse, diront-ils pourquoy il ne doit pas plutost y avoir de la chaleur dans la Cygue, acause de cette graisse qui est la veritable pasture du feu, qu'une froideur extreme, & à tuer un homme?

Les Chymistes ne trouveront pas moins de difficulté, & ils ne diront jamais comment n'y ayant aucun Element ou principe froid, le Nitre, dont le sel soit la base, acquiert une si grande froideur, & ce d'autant plus qu'ils font le sel chaud acause de sa vertu corrosive? Ou pourquoy, puisque la Cigue engraisse les Cailles, & les Chevres, elle ne doit pas plutost estre d'un temperament sulfureux, ou huileux, que d'un temperament nitreux?

Mais sans parler de ces sortes de vertus, ou proprietez interieures & cachées, c'est aussi assez de choisir icy la seule conformation exterieure d'une plante que nous voyons, & que nous touchons avec nos mains. Car soit qu'elle naisse d'elle mesme, ou de semence, il n'est pas possible de concevoir, ou dire comment elle puisse estre formée, ou naistre d'aucune tempetature de feu, d'air, d'eau, & de terre; d'aucun meslange de souffre, de terre, d'eau, de sel, & de mercure. Quoy, l'on pourra concevoir que ces quatre premiers, ou ces cinq autres Elemens se meslent les uns avec les autres d'une telle maniere qu'une partie du meslange devienne une racine qui se fende en filamens ronds, & longs, qui perce la terre par en bas, qui penetre dedans, qui en choisisse, succe, s'accommode, & transmette en dedans, & vers le haut tout ce qu'il y a d'aliment convenable, ensorte que cet aliment estant epuisé, elle passe plus avant, grossisse cependant, & multiplie ses filamens qu'elle dirige de tous costez comme autant de petites bouches pour prendre la nourriture ? L'on concevra qu'une autre partie du meslange devienne tige, devienne tronc, soit distribuée en rameaux, & soit repandue en fueilles si artistement tissues & travaillées, si entremeslées de petis nerfs, ou petites veines, si proprement allongées, etendues, dentelées, & repliées qu'on les prendroit comme pour autant de petites ailes destinées pour garder, & entretenir le rejetton qui doit naistre à la partie inferieure ? Il sera encore possible de concevoir qu'une certaine partie de ce mesme meslange soit attenuée, & subtilisée en fleurs si proprement ajustées, distinguées, ordonnées, colorées, odoriferantes ? Que ces fleurs poussent de telle maniere le fruit qu'il sorte lorsqu'elles fletrissent, & qu'il soit attaché & adherant par un petit pied qui luy serve de canal pour attirer la nourriture, laquelle soit epaissie en poulpe, endurcie en grain, ou en noyau, & distinguée interieurement en semence, d'ou il naisse ensuite une semblable plante ? L'on pourra, dis-je, concevoir que ces quatre, ou ces cinq Elemens se meslent, & se temperent de telle maniere que de ce meslange, & de cette temperature il en naisse une si admirable conformation de parties?

Diront-ils point que ces Elemens ne sont que la matiere qui est formée & disposée de la sorte, & qu'il y a de plus une vertu seminale qui entreprend, qui fait, & qui acheve la conformation? Mais cette vertu seminale d'ou est-ce, je vous prie, qu'elle tient son estre? Y a-t'il quelque autre Element ou principe à qui elle le doive? S'ils le disent, ainsi le nombre de quatre ne suffit donc pas à ceux-là, ni celuy de cinq à ceux-cy? S'ils ne le disent, comme asseurement ils ne le diront pas, qu'ils expliquent donc comment ils concoivent que de leurs Elemens il s'en fait une telle temperature qu'il en naist cette vertu seminale si industrieuse, si puissante, si admirable?

Auront-ils recours ou à la chaleur, ou à l'influence celeste? Mais comme toute influence celeste est generale, & que de soy elle ne peut pas plutost entreprendre une conformation qu'une autre, & que par consequent il est requis dans la matiere, ou dans la mixtion des Elemens une complexion, ou disposition particuliere qui la determine à celle-là, & non pas à celle-cy, la difficulté revient, comment il est possible que ces quatre, ou ces cinq Elemens soient meslez & temperez de telle maniere, qu'il y ait cette complexion, ou disposition qui fasse cette determination.

Or il est evident que ce que je dis des

choses vegetables se peut presser avec beaucoup plus de raison à l'egard des Animaux; puisque l'on y remarque beaucoup plus de differentes proprietez & beaucoup plus admirables, & que leur conformation a bien encore davantage dequoy nous etonner, soit à raison de la multiplicité de parties, soit pour la perfection du travail. Certes quant à leur egard on auroit aussi recours à la vertu seminale, ou plutost à l'Ame qui se fist, & se preparast elle-mesme son domicille; puis qu'excepté la Raisonnable, il n'y en a aucune qui ne soit materielle, c'est à dire qui ne doive son origine à la matiere, ou aux principes ou Elemens materiels, il y auroit sans doute de la folie à qui voudroit entreprendre de montrer, ou d'expliquer de quelle maniere les Elemens ou vulgaires, ou Chymiques doivent estre meslez entre eux, & temperez pourqu'il ensorte, & qu'il en naisse cette Ame qui se trouve accompagnée de tant de facultez soit naturelles, soit vitales, soit animales; pour qu'il en naisse, dis-je, une Ame qui sente, qui imagine, & qui soit capable de plaisir, de douleur, & de tant d'autres differentes passions; & qui non seulement soit doüée de cette sagacité, industrie, & prudence claire & evidente que nous observons vulgairement, mais encore de cette cachée, & incomprehensible Science, & industrie par laquelle avec un peu de semence dans laquelle elle est enfermée, elle forme une si grande diversité de parties avec tant de proportion, & les travaille avec tant de beauté, les distingue avec tant d'ordre, les joint avec tant de justesse, les destine chacune à leur fonction avec tant d'aptitude & de disposition, les fournit avec tant d'exactitude de tous les secours necessaires pour agir, & pour dire en un mot, acheve tout l'ouvrage, c'est à dire tout son corps avec tant de perfection ?

Je veux que l'on apperçoive dans le Corps quelque chose de chaud, de froid, d'humide, de sec, ou qu'on en puisse tirer quelque chose qui tienne de la nature du Soufre, de la Terre, de l'Eau, du Sel, du Mercure ; est-ce que pour cela l'on pourra raisonnablement rapporter à ces seules choses, ou à leur temperature tout ce que dans l'Ame il y a de substance, de connoissance, d'industrie, & tout ce qu'il y a de diversité dans la matiere, & d'aptitude à pouvoir estre preparée & travaillée ?

Mais direz-vous, l'on ne sçauroit rien tirer autre chose du corps de l'Animal, ni des autres Mixtes que ces Elemens; c'est pourquoy il faut que tout ce qui s'y forme de parties, que tout ce qui y naist d'Ame, que tout ce qui s'y engendre de forces & de facultez naisse de ces mesmes Elemens selon qu'ils sont meslez & temperez entre-eux. Mais certes s'il est vray que vous entendiez les quatre Elemens vulgaires, vous voyez comment les Chymistes vous convainquent d'erreur, & demontrent que vous-vous trompez lourdement: Que si estant Chymiste, ou si vous voulez, l'inventeur mesme de la Chymie, vous entendez parler des Elemens Chymiques, n'est-il pas à craindre que de mesme que vous avez trouvé en partie par hazard, & en partie par vostre propre sagacité le moyen de demontrer l'erreur des autres, ainsi il en vienne ensuite quelqu'un qui trouve le moyen de demontrer la vostre?

Il vous est venu en pensée de vous servir du feu, ou de la chaleur comme d'un Bistoris pour faire l'Anatomie des corps; & par ce moyen vous avez separé ces cinq substances; mais pensez-vous qu'outre le feu, & toutes ces sortes de chaleurs, dont vous-vous eftes fervy, il n'y ait point d'autre agent dans la Nature dont la Nature fe ferve comme d'un organe ? Vous-vous eftes non feulement fervy du feu qui fe fait du foufre, mais auffi du mercure, & de plufieurs fortes de Sels que vous croyez chauds parcequ'ils font corrofifs, & qu'ils peuvent diffoudre les corps ou en liqueurs, ou en poudres impalpables ; mais ce n'eft pas là certes la derniere refolution de la Nature, ni les derniers principes dans lefquels elle refout les corps, comme ce n'eft pas de ces feuls & uniques principes dont elle fe fert pour en faire la tiffure. Il y a certes dans la Nature outre voftre feu, outre vos chaleurs, & vos corrofifs un autre agent qui affemble, & qui arrange, & qui bien qu'il foit corporel, ne vous eft point venu en penfée, bien loin d'eftre venu fous vos doigts, & fous vos Sens.

Et defait, je veux que la chaleur aydée de l'humidité diffolve les parties d'un grain jetté en terre ; fera-ce cette mefme chaleur qui formera le tuyau, qui endurcira les neufs par intervalles, qui diftinguera les grains dans l'Epy, qui enfermera le germe, qui l'enveloppera de couvertures, qui l'armera de petites pointes, &c?

Je veux encore que la chaleur diffolve la femence de l'Animal receüe dans la Matrice; fera-ce auffi cette mefme chaleur qui formera les nerfs, les arteres, les veines, les membranes, & mille autres parties que nous avons deja objectées tant de fois? Si le feu, ou la chaleur n'eft donc point cet agent, & que cependant il foit corporel, & foit par confequent formé de principes corporels, lorfque vous avez tiré vos cinq Subftances du corps d'une plante, ou d'un Animal, avez-vous auffi tiré la fubftance de cet agent, & cette fubftance n'a-t'elle pas du moins echappé à vos yeux, à vos vaiffeaux, & à toute voftre induftrie? Avez-vous un vaiffeau qui la recoive lorfqu'elle s'envole du corps? Quelle fuite de difpofitions, ou de contextures de corpufcules infenfibles qui fervoient à la retenir dans le corps ne doit point eftre retirée, & envolée avec elle? Si jamais Recipiant foit d'airain, foit de verre, foit de terre ne s'echauffe qu'une infinité de corpufcules ignées & & calorifiques ne penetrent dans fes pores, ne paffent au travers & ne s'envolent ; combien doit-il y avoir d'autres corpuscules insensibles qui penetrent,& soient transportez avec eux ? Et pourquoy par consequent ne sera-t'il pas croyable que ceux qui vous restent, que vous enfermez dans des vaisseaux, que vous gardez, & que vous montrez avec tant d'ostentation, soient seulement, sinon les Excremens, du moins les Elemens plus grossiers, & plus materiels qui fussent dans le corps vivant, mais que cependant il y en ait eu d'autres beaucoup plus subtils,& plus tenus qui ayent echappé à la subtilité de vos yeux, & comme je viens de dire,à toute vostre industrie ?

C'est ce qu'ont fort judicieusement reconnu Severinus,Quercetanus,& plusieurs autres, lors qu'outre quatre Elemens, & trois principes ils ont admis une infinité de semences invisibles qui peuvent aussi estre dites & Elemens, & principes, & dont les autres plus crasses & plus grossiers ne soient que comme les vestemens, les matrices, & les receptacles;ajoûtant que c'est à ces semences à qui l'on doit rapporter non seulement toute l'action, & toute la vigueur, mais encore l'Art,& la Science dont les esprits mecaniques qu'elles contiennent sont doüez pour former les corps des Mineraux, des Vegetaux, & des Animaux & leurs parties, comme estant les Artisans naturels, & qui sont occupez, ceux-cy à travailler les veines, ceux-là les arteres, ces autres là les nerfs, & ainsi du reste.

Neanmoins comme ces principes sont trop subtils pour tomber sous nos Sens, & qu'ainsi l'Entendement privé de cette sorte de secours comme d'une espece de flambeau qui le doit preceder, ne sçauroit par sa subtilité penetrer dans leur substance, contexture, figure, proprietez interieures, energie, forces, maniere d'agir, application, &c. cela fait que nous pouvons veritablement bien, & sans temerité conjecturer par les effets qu'il doit y avoir d'autres Elemens insensibles meslez avec nos Elemens sensibles & grossiers; mais que nous ne pouvons neanmoins point en venir à connoitre le nombre, le poids, la mesure, & en un mot, la maniere dont ils sont meslez, quelle sorte de temperament il s'en est fait, de quelle maniere ils deployent leur force & agissent, & quels sont les petis organes dont ils se servent pour mouvoir ces Elemens plus grossiers, ou cette matiere plus paresseuse & moins active, pour la separer, pour la joindre, pour la tourner, pour la former de cette maniere, & non pas d'une autre, pour donner lieu & occasion à la naissance de cette proprieté, & non pas d'une autre, & ainsi de cent autres choses de la sorte qui nous ont esté cachées jusques à present, & qui apparemment, avec cette grossiereté de nos Sens, le seront encore à l'avenir.

Et que Severinus dise comme il luy plaira, que ces principes sont des esprits mecaniques doüez de Science, & de vigueur pour agir? Lorsqu'il aura dit cela, il aura une fois dit tout ce qu'il dira jamais. Car il ne nous fera jamais voir comment chaque esprit une chose si tenüe, si invisible, & si impalpable, puisse en soy avoir l'idée, & la Science de l'ouvrage qu'il doit travailler, considerer la fin à laquelle il le doit rendre propre, connoitre, & choisir la matiere dont il le faut paitrir, & puis avoir en soy l'energie, & la vigueur de prendre les instrumens convenables, & d'executer tout ce que cette Science aura prescrit.

Que quelque autre encore nous vienne dire, si vous voulez, que ces principes insensibles sont ou des Atomes, ou des Molecules, c'est à dire de petites masses tissuës d'Atomes, & devenuës les semences des choses, qui non seulement à raison de leur petite corpulence font partie de la mixtion, de la contemperation, de la composition, mais qui pour estre formées d'Atomes qui sont dans un mouvement perpetuel, & inamissible, se tournent continuellement, & se retournent, se meslent, & se temperent partie entre elles, & partie avec les autres ou Atomes, ou Molecules des Elemens plus grossiers, de telle maniere que penetrant, & remuant toute la masse, se prenant, s'acrochant, & s'etreignant diversement, & poussant cependant, & chassant ce qu'il y a d'etranger, & d'incompatible, elles prennent enfin la forme du corps à laquelle elles ont de l'inclination à raison de la figure, de la tissure, & du mouvement. Qu'il avance, dis-je, tout cecy, & autres choses semblables, selon ce que nous en avons touché ailleurs en divers lieux ; qu'il ajoûte mesme s'il veut, que ce sont là les semences anterieures ou premieres dont les esprits, & tous les principes qu'on pourra prendre font formez ; tout cela dit une fois en general ne nous fera neanmoins rien connoitre de particulier, & il faudra, comme nous avons deja dit plus haut, s'en tenir simplement à cecy, qu'il y a veritablement lieu de conjecturer qu'outre ces trop corporels, & trop grossiers Elemens il y en a d'autres beaucoup moins corporels, & beaucoup plus subtils, mais que nos Sens estant grossiers comme ils sont, il y auroit de la vanité à presumer de pouvoir expliquer la maniere speciale & particuliere dont ils sont meslez & temperez avec les autres, ou comment la mixtion, & la temperature qui s'en est faite, est l'origine, & la racine des facultez, & des proprietez qui suivent des veritables principes quels qu'ils soient.

Il est vray que l'invention des Microscopes semble nous donner quelque esperance, entant qu'elles nous font voir des choses qui pour leur petitesse nous estoient absolument invisibles, & que c'est par leur moyen que nous reconnoissons, par exemple, que la cause pour quoy certains petis sables qu'on rend quelquefois avec l'urine sont tellement douloureux, c'est qu'estant comme autant de petis rhombes ils ecorchent le canal avec leurs petis angles, & que la cause pourquoy ces petis tas de poussiere de vieux fromage excitent une si grande demangaison dans la peau, & prennent si asprement à la gorge, c'est que ce sont autant de petis animaux qui avec leurs petis mufles percent & foüillent, ou raclent la peau, & la chair. Toutefois quoy qu'il n'y ait rien à desesperer de la sagacité, de l'adresse, & de l'industrie de l'Esprit humain, considerez cependant jusques à quelle subtilité il en faudroit venir pour que l'on pûst avec le Microscope decouvrir les agens qui taillent ou forment la matiere des sables en ces petis rhombes, & qui ajustent les corpuscules dont ces petis Animaux que nous venons de dire sont composez, en petis mufles, en petites cuisses, en veines, en arteres, en esprits, &c

Certes nous n'envyons pas un si grand bonheur à la Posterité, mais il y a neanmoins lieu de soupçonner que la Nature dans tous les Siecles dira toûjours à l'Homme, ou plutost luy criera toûjours, demeure en toy-mesme, tu n'es pas né pour penetrer si avant, tes Sens sont trop peu subtils, & tes veües sont trop courtes.

Tecum habita,& nôris quàm sit tibi curta supellex.

CHAPITRE III.
De la Santé.

PLaton tient que la Santé est la concorde des Elemens dans le Corps, comme la Maladie en est la rebellion. Alcmeon que c'est un equilibre & un temperament de l'humide, du chaud, du sec, du froid, de l'amer, du doux, &c. Aristote un repos, une paix, une tranquillité, un certain estat pacifique du Corps, qui provient de ce que toutes ses parties sont dans la temperature, & dans la disposition qu'elles doivent naturellement avoir pour bien faire leurs fonctions, & ne sentir point de douleur. Galien une constitution du corps dans laquelle nous ne sentons aucune douleur, ou dans laquelle les fonctions de la vie ne sont point empeschées ; ou une certaine disposition qui perfectionne l'action, & qui rend le corps propre à toutes les fonctions necessaires de la vie; ou à l'imitation d'Hippocrate, une certaine moderation, & temperature des humeurs, tant à l'egard de la qualité, que de la quantité.

Les Causes primitives de la Santé regardent ou la premiere conformation qui se fait de Semence, ou la premiere nutrition qui se fait de Sang dans la Matrice : Car si la semence se trouve estre d'une temperature parfaite, & que la Matrice soit bien disposée, pour lors la vertu formatrice entreprend son ouvrage, & travaille d'une telle maniere que la conformation des parties ne peche, ni dans la grãdeur, ni dans la forme, ni dans le nombre, ni dans l'ordre, ni dans la situation, ni dans la distinction, ni dans l'union, ni enfin dans la juste & convenable temperature, si bien qu'il se fait, & naist alors une tres bonne *disposition* de parties, & les fondemens d'une parfaite, & constante santé sont jettez.

Si d'ailleurs le Sang, dont les parties qui ne cõmencent encore que de se faire & de se former sont nourries, se trouve estre si bien temperé, soit acause du temperament de la Mere, soit acause des alimens dont elle se nourrit, & de sa maniere de vie, que chaque partie en prenne, & s'en applique ce qui luy est convenable; pour lors la faculté nutritive &

augmentative entreprend aussi l'ouvrage, & seconde de telle maniere la vertu formatrice que le corps estant porté à sa perfection, il se fait ce que les Grecs appellent ἐυεξία, c'est à dire une bonne habitude, qui est la santé mesme constante, & parfaite, ou la racine constante & parfaite de la santé.

Car la Santé, qu'on appelle ἐυκρασία *bon temperament*, comprend ἐυταξία *la disposition convenable des parties*, ἐυεξία qui est l'habitude parfaite de tout le corps : Et c'est ce qu'Epicure, & Asclepiade devoient avoir en veüe, lors qu'apportant la cause generale de la santé, ils veulent que celuy là soit sain dont les nerfs, les veines, les arteres, & les autres canaux, & passages sont tels, principalement dans la premiere conformation, qu'ils ne sont ni plus larges, ni plus etroits qu'il ne faut pour que l'aliment attenué en particules tres petites soit convenablement distribué à toutes les parties, & que l'esprit vivifiant & animal qui est absolument necessaire aux fonctions de la vie & du sentiment, soit par tout convenablement repandu, & les excremens, les fuliginositez, & toutes les impuretez convenablement chassées au dehors.

De la est venue la description vulgaire d'un homme sain ; qu'il ne soit ni trop gras, ni trop maigre, ou, comme disent les Grecs, εὔσαρκος *d'une bonne constitution de chair*, conformement à l'Aphorisme d'Hippocrate, *Ceux qui sont fort gras meurent plutost que ceux qui sont maigres* ; qu'il ne soit ni mol, ni dur ; qu'il ne soit ni trop, ni trop peu velu : Et pour ce qui regarde les premieres qualitez ; qu'il ne soit ni chaud, ni froid, ni humide, ni sec, quoy qu'Aristote le fasse plutost chaud, & humide ; qu'il ait la couleur vive, ou meslée de blanc, & de rouge ; qu'il ait les cheveux ni trop rares, ni trop epais, & dans la jeunesse tirants du jaune sur le noir, du moins dans nos Regions temperées, car on sçait qu'il en est autrement de l'Ethiopie : A l'egard de la respiration, & du poux ; qu'il n'y ait trop de vistesse, ni trop de lenteur ; que sa faculté nutritive digere autāt qu'elle appete, & appete autant qu'elle digere, ni plus ni moins : A legard des sens ; qu'ils soiét entiers & parfaits, & qu'ils s'acquitent bien de leurs fonctions ; qu'il ait l'Imagination bonne, l'Esprit, le Iugement, & la Memoire de mesme ; & qu'enfin il soit bié composé dans ses mœurs, courageux, d'une humeur douce, temperant, liberal, &c. enforte que la Symetrie, & la beauté de l'Esprit autant que celle du corps se fassent remarquer.

Les causes qui dés la Naissance conservent la Santé, ou qui la retablissent s'il arrive qu'elle soit affoiblie, sont les Parens, les Nourrices, les Gouverneurs, tous ceux qui prennent soin de pourvoir que rien ne manque, ou ne nuise à l'Enfant, & puis un chacun de nous en particulier qui a soin de soy mesme, principalement lorsqu'il est un age de connoitre ce qui est bon & mauvais, & capable de se le procurer. Car la Santé, dit admirablement bien Ciceron, se soutient par la connoissance qu'on a de son corps, par l'observation qu'on fait de ce qui peut servir ou nuire, par la continence dans toute la vie, par les soins qu'on prend de soy mesme, par l'abstinence des voluptez, & enfin par l'art de ceux à qui il appartient de connoitre de ces choses, tels que sont les Medecins qui par leur conseils, & leurs soins contribuent à la conservation de la Santé, *Sustentatur valetudo notitiâ sui corporis, & observatione eorum quæ aut prodesse solent, aut obesse, & continentiâ in vita omni, at-*

que cultu corporis tuendi causâ, & prætermittendis voluptatibus, postremò arte eorum quorum ad Scientiam hæc pertineant.

Les choses qui peuvent servir, ou nuire à la Santé sont marquées dans Galien par ces termes generaux, *Assumenda, Educenda, Facienda, Incidentia extrinsecùs,* & plus clairement par ceux-cy, l'Air, le Mouvement, & le Repos; le Boire & le Manger; l'Expulsion, & la Retention des excremens; le Sommeil, & les Veilles; les Passions de l'Esprit. Ces choses sont vulgairement appellées Non-naturelles, parcequ'elles sont comme indifferentes à servir, ou à nuire, selon qu'elles sont ou bien, ou mal administrées.

L'Air tient le premier lieu, parceque c'est l'Air qui reçoit le Fœtus naissant, qui le premier affecte le corps non seulement au dehors, mais qui penetre au dedans par la bouche, & par les narines, & qui se trouve ensuite estre tellement necessaire pour tirer hors du poûmon les fuliginositez du Sang par la respiration, & par l'expiration, que si cela ne se fait continuellement les petis rameaux de la Veine arterieuse, & de l'Artere veneuse se bouchent de telle maniere, qu'on est extremement incommodé, & qu'on meurt mesme enfin suffoqué. Aussi n'y a-t'il rien de plus importât que l'Air pour la Santé, ni rien qui soit plus capable de changer l'Habitude de nostre corps soit en bien, s'il se trouve convenable à nostre temperament, soit en mal, s'il ne s'y accommode pas.

Ce qui vient ensuite c'est le Boire, & le Manger, ou generalement l'Aliment; car l'Animal n'est pas plutost né qu'il l'appete, & le prend, & l'experience nous enseigne combien il est impossible de s'en passer dans la vie. Ce qui se peut icy remarquer est, que la Nature enseigne d'elle mesme à chaque Animal l'aliment qui luy est salutaire ; & si elle ne semble pas instruire l'Homme de mesme que les autres, ce n'est asseurement pas sa faute, mais celle des Hommes, qui en partie par la mauvaise education, & en partie par leur propre intemperance s'accoutument à des alimens qui ne sont ni necessaires, ni naturels, & qui changent de telle maniere le temperament, que l'Appetit se porte à toute autre chose qu'à ce qui est destiné par la Nature. Mais nous traiterons de cecy plus au long dans la Morale, lorsque nous ferons voir comme les choses necessaires

à

à la vie, & principalement les Alimens dont la Nature a besoin, se reduisent à peu, & qu'il est aisé de se les procurer.

L'Expulsion & la Retention suivent l'Aliment. L'on connoit assez les incommoditez que cause la suppression du ventre, & de la vessie, les pores fermez à la sueur, & les autres excremens retenus. Il y a neanmoins des excremens dont on n'approuve pas l'evacuation ni soudaine, ni trop grande, ni avant la maturité, & l'on sçait combien selon Epicure, & selon Hippocrate c'est une chose saine de retenir la semence naturelle; pour ne dire pas ce que quelques-uns pretendent, qu'il est autant necessaire pour conserver le corps qu'il y ait de certains excremens grossiers dans les Intestins, qu'il est necessaire pour conserver le Vin qu'il y ait de la lie dans le tonneau.

Le Mouvement & le Repos sont contez entre ces mesmes causes, parceque le mouvement, ou l'exercice qui se prend en temps convenable, & moderément contribue merveilleusement à la Santé; entant qu'il provoque & excite les excremens à sortir, affermit les membres, & fait une bonne habitude du corps; au lieu que le mouvement excesffe diffout le corps, trouble l'economie interieure, & cause souvent des maladies. L'on ajoute le Repos, parceque c'est le repos qui repare les esprits, qui tempere la chaleur, qui humecte le corps asseché, en un mot qui soulage les membres, & retablit les forces perdues. Il n'y a seulement qu'a se prendre garde que le repos ne degenere en paresse ; c'est le conseil d'Hippocrate qui apres avoir doné le premier precepte de la Santé, qui est de se tenir toujours sur son appetit, *vesci citra saturitatem*, ajoûte immediatement apres le second, qui est de n'estre pas paresseux au travail, *impigrum esse ad laborem*. C'est encore le conseil de Celse, lorsqu'il donne des preceptes de Santé à ceux qui sont sains ; il faut dit-il, se reposer quelquefois, mais bien plus souvent faire exercice, parceque la paresse hebete le corps, & que le travail le rend ferme ; celle-là amene bien-tost la vieillesse, & celuy-cy fait la jeunesse longue, *quiescere interdum, sed frequentiùs se exercere ; siquidem ignavia corpus hebetat, labor firmat ; illa maturam senectutem, hæc longam adolescentiam reddit.*

Le Sommeil & la Veille sont aussi de grande consideration, en ce que c'est principalement dans le sommeil que cõsiste le repos necessaire durant lequel les membres, les sens, & les organes se reposent, le cerveau desseché par les veilles s'humecte, les alimens, & les humeurs se cuisent, les forces enfin se refont & se reparent. Dailleurs il est constant que nous ne vivons qu'autant que nous veillons, & que si l'on s'accoutume à dormir trop longtemps, le corps devient pesant, paresseux, & chargé des humeurs & des vapeurs qui sont retenues; d'ou vient que la chaleur naturelle, les Sens, & l'Esprit mesme s'emoussent, & s'hebetent.

Enfin à l'egard des Affections de l'Esprit, l'on sçait de ce qui a esté dit en parlant des Passions, que la Ioye, & la Gayeté sont proprement les Fondements de la Santé, comme le Chagrin, l'Ennuy & la Tristesse en sont la ruine, & la destructiõ.

CHAPITRE IV.
De la Maladie.

L'On infere aisément de ce qui a esté dit de la Santé, que la Maladie n'est autre chose qu'une temperature mauvaise, vicieuse, corrompue; qu'un certain estat turbulent, seditieux, & disconvenable du corps ; qu'une constitution contre Nature qui pervertit ses fonctions, & qui le plus souvent est accompagnée de douleur. Ie dis *contre Nature*, pour n'appeller pas du nom de maladie l'Enfance, & la Vieillesse, puisque l'une & l'autre est selon la Nature, & que la Foiblesse de l'une & de l'autre estant inevitable, il suffit pour la Santé que les fonctions dont elles sont capables se fassent autant bien qu'elles se peuvent faire. J'ajoûte *le plus souvent*, parcequ'il y a de certaines Maladies, comme la fievre hectique, & l'evanouissement qui sont sans aucun sentiment de douleur.

Remarquez que lorsque je dis que la Maladie est une constitution contre Nature, c'est ce qu'Epicure, & Asclepiade semblent avoir voulu dire quand ils ont definy la Maladie ἀμετρίαν τῶν πόρων *une mauvaise disposition des conduits* ; la constitution maladive n'estant autre chose que les passages ou trop elargis, & relaschez, ou trop retressis & resserrez, d'où suivent les fluxions, les obstructions, &c.

Pource qui est des causes des Maladies, je ne m'arresteray point à toutes ces divisions ordinaires qu'on en fait, je prendray seulement celle qui veut qu'entre ces Causes les unes soient manifestes, & les autres occultes ou cachées, pour faire remarquer qu'outre les causes externes, & eloignées, à peine y en a-t'il aucune qui dans son essence, ou en sa maniere d'agir ne soit occulte. Car comme il est principalement question des causes internes, & antecedentes, l'on peut bien dire que ce sont les humeurs, mais, certes, que cela est peu de chose, & que c'est estre eloigné de dire, & de marquer la vraye, la propre, & la prochaine cause!

Que l'on dise si vous voulez, que la pituite est la cause de la Fievre quotidienne, la bile jaune de la tierce, l'atrabile ou la melancholie de la quarte; mais c'est tout au plus dire ce en quoy la cause de la fievre est contenue, & ce n'est assurement point en demontrer la cause.

Qu'on ajoûte mesme que les humeurs agissent à raison de leur temperature, ou par les qualitez premieres dont ils sont doüez; mais comme la pituite est de sa temperature froide, & humide, & la melancholie froide, & seche, comment est-ce que l'une & l'autre peuvent faire cette ardeur qui s'allume tant dans la fievre quotidienne que dans la quarte?

Deplus, comme on veut generalement que la Fievre soit une chaleur etrangere, ou contre nature, allumée dans le Cœur ; je demande comment il se peut faire que la pituite allume cette chaleur, elle qui devroit plutost par sa temperature si elle est exorbitante, eteindre la chaleur du Cœur, ou si elle est moderée la temperer ?

L'on dit que la pituite se pourrit dans les premieres veines, & proche du Ventricule, d'ou la chaleur qui doit allumer la fievre passe au Cœur; car l'on veut que les humeurs se pourrissent, parceque la pourriture n'est point sans chaleur: Mais comme rien ne se pourrit qui ne soit chaud en puissance, ou qui ne contienne des semences de chaleur comme assoupies, & endormies qui puissent estre excitées & agir ; comment est-ce que la pituite se pourrira si de sa temperature elle n'est ni actuellement chaude, ni en puissance, mais extremement froide, & moderement humide comme l'eau ? Certes si vous luy donnez la chaleur d'ailleurs, ce ne sera pas elle alors qui sera la cause de la fievre, mais ce qui aura communiqué cette chaleur.

Aussi n'est-ce pas sans raison qu'Hippocrate a esté contraint d'avoüer, *que ni le chaud, ni le froid, ni l'humide, ni le sec n'ont pas grande force, mais l'acre, mais l'acide, mais l'amer, &c.* neanmoins quoy qu'une certaine humeur soit dite amere, ou acide de sa temperature, elle aura veritablement en soy de quoy affecter le Goust, mais pour pouvoir faire un autre effet dans l'organe du Toucher, & dans les autres parties, il faudra qu'elle soit doüée de quelque autre qualité.

Ce n'est pas aussi sans raison que le mesme Hippocrate veut que dans les grandes Maladies on juge plutost par *Opinion que par Art* δόξη μᾶλλον, ἢ τέχνῃ; entant que nous conjecturons veritablement qu'il y a quelque chose dans les humeurs qui peut estre censé la cause de la Maladie, mais qu'on ne peut pas cependât sçavoir certainement ce que c'est.

Et certes, comme ce qui est transmis dans le corps par la morsure d'une Vipere, ou du Chien enragé est si peu de chose, quelle chaleur, quelle amertume, & enfin quelle premiere, ou quelle seconde qualité se peut-on imaginer qui puisse causer ces horribles effets? Quelle peut estre cette qualité par laquelle un Epileptique soit ainsi soudainement frappé, entre en de telles convulsions, soit de telle maniere, & si etrangement troublé, travaillé, &c. Aussi est-ce enfin ce qui a contraint Hippocrate de prononcer, *qu'il y a quelque chose de divin dans les Maladies*; non comme dit Galien, qu'Hippocrate rapporte la cause des maladies aux Dieux, mais parcequ'il s'y remarque quelque chose de grand, ou tres eloigné de toute nostre connoissance, ou si vous aimez mieux, qui est tel qu'il n'y ait que Dieu seul qui le connoisse.

Je sçais bien que les Chymistes taschent de passer plus avant, en quoy certes ils sont fort loüables; mais que leur progrez cependant se termine à peu de chose! Car enfin cela ne va presque qu'a substituer de certains noms nouveaux & barbares à ceux qui estoient usitez & entendus de tout le monde, à dire par exemple, que les causes des Maladies sont *l'Iliastre*, & le *Cagastre*, au lieu de dire la semence, & la pourriture, à dire *Pagoycum* pour une maladie qui vient de l'Imagination, *Chærionium* pour faculté; *Archée* pour la forme interieure ou l'Agent qui dispose interieurement toutes choses; *Relollacée* pour une faculté inefficace & sterile ; *Teinéture de maladie* pour principe de maladie, *Teinéture de pleuresie* pour cause de pleuresie ; *Teinéture seminale* pour vertu seminale ; *l'Anatomie humaine* pour le corps humain ; *fluxion sur l'Anatomie des testicules*, & ainsi de plusieurs autres de la sorte.

Outre qu'ils semblent declamer à tort contre les Medecins, comme s'ils s'en tenoient aux seules premieres Qualitez, puisque nous venons de voir qu'Hippocrate a voulu qu'on en passast à l'acre, & à l'acide, &c. & que Galien a souvent recours aux humeurs salées, nitreuses, erugineuses, & autres.

Il est vray qu'ils se vantent de connoitre les causes des plus grandes maladies, & si vous demandez par exemple à Quercetan quelle est la cause de l'Epilepsie, il vous dira incontinent que c'est une maladie Astrale ; qu'elle s'engendre dans la partie superieure du Microcosme; que ses Teinétures son celestes, & ses Semences spirituelles ; que ces choses se doivent chercher non dans les demeures corporelles, mais dans les Elemens dans lesquels les Teinétures spirituelles sont contenuës, de mesme que les esprits Mineraux sont contenus en puissance dans les Elemens pour produire leurs effets en temps & lieu; mais si vous demandez quelque chose en particulier, ou mesme en general de la cause de la maladie, & de ses etranges symptomes, ce sera en vain, & vous n'en rapporterez autre chose que la Refutation de Galien, ou des autres qui ont tasché de conjecturer quelque chose de la maladie, si ce n'est peuteste, ce qui est encore aussi vague, que les Ulceres, les Apostumes, & les Dysenteries regardent le Sel; les inflammations, & les diverses especes de Fievres le Soufre; l'Epilepsie, l'Apoplexie, & la Paralisie le Mercure, ou les Vapeurs acres.

Mais pour laisser les Chymistes, & passer à ce qu'Asclepiade a tasché de dire des causes des Maladies selon les principes de Democrite & d'Epicure ; comme il rapporte les causes de la Santé, & de la Maladie à l'estat, & à la condition des petits canaux ou conduits, & des corpuscules qui passent par ces conduits, il s'est imaginé entre autres choses, qu'une complexion foible & debile venoit de ce que les conduits estoient rares, & lasches, & que la faim canine, par exemple, venoit de ce qu'ils estoient trop amples, principalement à l'estomac.

De plus, que presque toutes les Maladies viennent du resserrement ou de l'obstruction de ces passages; lorsque le sang, les esprits, les humeurs, & les vapeurs, ou autres choses semblables qui y doivent naturellement passer n'y passent plus librement.

Que les humeurs doivent bien estre censées entre les causes procatartiques, ou externes, & commençantes, mais du reste, que la cause synectique, prochaine, & agente est plutost ce qu'il appelle, acause de la tenuité des parties, τὸ λεπτομέρος, c'est à dire un esprit formé de corpuscules tres tenus & tres subtils, & qui par sa mobilité & activité va & vient aisement ça & là par tout le corps.

Que si les humeurs acause de leur grossiereté, & viscosité occupent de telle maniere ces passages, que les corpuscules qui y sont ou entrez, ou contenus y soient arrestez & endormis, cela fait la Lethargie; mais que si la sortie leur est seulement bouchée, ensorte que par leurs mouvemens intestins ils soient mûs & agitez, & s'echauffent, c'est à lors que la Phrenesie s'engendre, la Pleuresie, & la Fievre ardente; l'ardeur estant excitée par leur frequente & repetée agitation, & le battement des Arteres augmenté.

Que la cause des Fievres intermittantes consiste en ce que les corpuscules ramassez au dedans des conduits combattent de telle maniere qu'ils s'ouvrent enfin des chemins par où ils sortent, & que la Fievre cesse & ne revient que jusques à ce qu'il s'en soit ramassé d'autres qui combattent, & fassent effort de la mesme maniere.

Qu'il s'engendre par consequent une Fievre quotidiene si les corpuscules sont gros, une Tierce s'ils sont de moindre grosseur, ou mediocres, & une Quarte s'ils sont tres petis; d'autant que les plus grands par leur grosseur remplissent les passages en moins de temps, & que y en ayant peu ils sont plutost evacuez, d'où vient que le mesme se peut faire chaque jour : Que les mediocres devant estre en moindre quantité pour remplir les passages, & pour cette raison plus long-temps à s'assembler, & à estre evacuez, le mesme ne se peut faire que de deux jours en deux jours : Que ceux enfin qui sont tres petis devant estre en tres grande quantité pour remplir, & par consequent beaucoup de temps pour estre assemblez, & pour estre epuisez, le paroxisme ne peut revenir qu'en interposant deux jours.

Que l'Hydropisie vient de ce que par les angles, ou par l'acrimonie des corpuscules meslez il se fait de nouveaux trous dans la chair, par où l'humeur alimentitieuse passe, desorte que cette humeur s'estant insinuée entre cuir & chair, elle etend, & fait enfler la peau qu'elle ne peut rompre.

Mais encore que ce que nous venons de dire ait sa probabilité, & qu'il semble approcher d'avantage des premiers principes que ce que disent les Medecins, & les Chymistes; tout cela neanmoins n'est encore dit qu'en general, & cependant il faudroit connoitre en particulier quelle doit estre la grandeur, la forme, & la disposition de chaque conduit; la grandeur, la figure, & la motion de chaque corpuscule; la proportion, & la disproportion de ceux-cy avec ceux-là, pour qu'un tel, ou un tel effet de santé ou de maladie s'ensuive, cette maladie, par exemple, plutost que celle-là, dans tout le corps plutost que dans quelque partie seulement, & dans celle-cy plutost que dans celle-là, avec force ou sans grande violence, en ce temps icy & non pas en un autre, de cette durée & non pas d'une autre, avec ces symptomes, & non pas avec d'autres, & ainsi d'une infinité d'autres choses de la sorte.

Certes, encore que ce qui a principalement esté dit des Fievres soit ingenieusement pensé, il est neanmoins au de là de toute nostre subtilité de pouvoir dire pourquoy de mesme que les paroxismes finissent peu à peu, ils ne commencent pas aussi de mesme peu à peu puisque l'evacuation, & l'amas se font aussi peu à peu, & d'une mesme teneur ? Pourquoy non seulement durant que se fait l'amas la chaleur ne s'augmente point, ni ne se sent point, mais que l'amas estant achevé il s'excite souvent un si grand frisson, & fascheux ? Pourquoy non seulement il se fait quelquefois des complications de plusieurs especes de fievres intermittantes, mais qu'elles se changent mesme fort souvent les unes dans les autres ? Pourquoy d'une intermittante il s'en fait quelquefois une continue, & d'une continue une intermittante, & ainsi de plusieurs autres effets qu'on peut veritablement rapporter en general à la diversité, au meslange, à la venuë, & au depart des corpuscules, mais qu'on ne sçauroit expliquer en particulier, ensorte qu'on puisse dire l'estat, la condition, & le meslange special & particulier de ces corpuscules?

Cecy cependant nous avertit de deux choses qui sont fort admirables à l'egard des Fievres, asçavoir ces jours fixes, & determinez que retourne l'accez dans les intermittantes, & puis ces jours determinez que ce sont les Crises dans les continues. Car qu'une fievre qui a semblé estre diminuée, ou en estre venue à n'augmenter ni à ne diminuer point, s'aigrisse quelquefois, & devienne plus violente, ou qu'ayant semblé estre toutafait eteinte, & dissipée, elle recommence, & reprenne vigueur, cela peut bien sembler moins merveilleux acause du mouvemét de la matiere laquelle ne peut, quelle qu'elle soit, & quoy qu'elle soit amassée peu à peu, & peu à peu preparée pour estre enfin enflammée, laquelle, dis-je, ne peut qu'estant amassée en une certaine quantité estre fermentée de telle maniere qu'elle s'echauffe, qu'elle s'enflamme, & qu'elle brusle ; mais que la mesure de cet amas, & de cette preparation soit de telle maniere attachée à un certain nombre de jours, que tantost cela se fasse, & retourne chaque jour, tantost chaque troisieme jour, tantost chaque quatrieme, quelquefois mesme chaque cinquieme, & quelquefois chaque septieme, ou neuvieme; c'est enfin, à dire le vray, une chose tout à fait admirable.

Ainsi, que la Nature lorsqu'elle est fort pressée, & oppressée par la cause de la maladie & de la fievre, combatte de telle maniere cette cause, que devenant la plus forte elle l'excite, elle l'ébranle, elle la sepate, & qu'estant separée elle la chasse ou par le vomissement, ou par les selles, ou par l'urine, ou par la sueur, ou par une hemorragie, cela peut sembler moins merveilleux; mais que cela arrive aussi à certains jours determinez, par exemple au septieme, au quinzieme, au vingtieme; c'est aussi enfin une chose tout à fait admirable, & qu'on peut dire surpasser toute la sagacité humaine.

Pour ce qui est de l'Opinion commune, il y a aussi eu beaucoup d'Esprit à s'imaginer que la Pituite soit la cause de la fievre quotidiene, la Bile ou la Colere de la tierce, la Melancolie de la quarte, & que la pituite, parce qu'elle s'amasse en quantité acause de la crudité, & qu'elle se pourrit ou se fermente aisement acause de l'humidité, que la Pituite, dis-je, soit pour cette raison plutost amassée, & preparée que les autres humeurs; que la Bile tarde davantage parce qu'il n'y en a point tant, & qu'elle ne se pourrit pas si viste acause de sa secheresse; que la Melancolie enfin soit la plus tardive de toutes, parce qu'elle est encore en moindre quantité, & qu'elle est encore moins propre à la pourriture acause de sa secheresse, & de sa froideur. Cependant, encore qu'on veuille demeurer d'accord que se sont là les veritables causes de ces fievres, & les raisons qui font que les humeurs s'enflamment ou plutost, ou plus tard ; neanmoins d'ou vient que la Pituite ne s'enflamme pas aussi ou à chaque moitié du jour, ou à chaque jour & demy ? D'ou vient de mesme que la Colere ne s'enflamme pas aussi ni à la moitié du jour, ni chaque jour & demy, ni un jour devant, ou apres ? Car lors qu'il y a peu de ces humeurs, comme quand les fievres sont legeres, ou qu'ayant esté violentes elles commencent à decliner, devroient-elles attendre les mesmes jours? Et lors qu'il y en a beaucoup, comme quand elles sont fortes, ou qu'elles sont pressantes, ne devroient-elles pas anticiper ? Si lorsque la fievre va augmentant le paroxisme retourne viste a cause de la grande abondance de matiere, ne devroit-il pas lors qu'elle est languissante retourner le double, ou le triple plus tard, & non pas toujours les mesmes jours comme il fait ?

L'on pourroit ajoûter que ceux qui suivent l'Opinion commune n'ont point d'humeurs pour faire ces sortes de Fievres qui reviennent ou chaque cinquieme, ou chaque sixieme, ou chaque septieme jour. Car s'ils disent, par exemple, que ce ne sont que des fievres quartes plus tardives, pourquoy ne dira-t'on pas que la quarte n'est aussi autre chose qu'une quotidiene, ou une tierce plus tardive? Et s'ils disent qu'il survient quelque peu de pituite, ou quelque autre humeur pour faire celle du septieme jour, pourquoy ne dira-t'on pas aussi qu'il se joint à la bile quelque peu de pituite, ou quelque peu de melancolie pour faire la quarte ?

J'ajoûte seulement que ce n'est veritablement pas sans raison que Fernelle a recours à l'Idiotropie ou proprieté speciale & particuliere des humeurs, qui fait qu'elles viennent à se fermenter, & à s'elever par une certaine sorte d'agitation, & de mouvement plutost que par une autre, & dans ce temps-cy plutost que dans celuy-là, chacune selon son espece, & selon le degré de la pourriture; mais c'est là enfin avoüer qu'on est vaincu, & par des termes qui ne disent rien de nouveau vouloir couvrir son ignorance qu'il vaudroit beaucoup mieux confesser ingenûment. C'est pourquoy, quand mesme on auroit admis que la pituite s'amasse dans les grandes veines qui sont alentour du ventricule, la bile dans le foye, la melancolie dans la rate, ou dans d'autres lieux dans lesquels elles s'enflamment comme dans leurs demeures, minieres, ou foyers (quoy que la chose soit tres obscure, & tres difficile à montrer) il faut neanmoins reconnoitre que dans chaque humeur il y a quelque chose de caché que nous ignorons absolument, & qui cependant est la cause de ces sortes de mouvemens periodiques si constans.

Et il ne faut pas esperer plus de lumiere des Chymistes; car apres qu'ils auront dit que les Maladies à la maniere des Vegetaux germent, fleurissent, & poussent leur fruit en certains temps, que les Fievres continües naissent de racines homogenées, les intermittantes d'heterogenées, & qu'ainsi celles-là meurissent toutes ensemble, celles-cy en divers temps ; demandez-leur quelles sont ces racines speciales de chaque fievre, & pourquoy les fruits de celles-cy parviennent à leur maturité dans ces temps-cy & non pas en d'autres, ni plus rarement, ni plus frequemment, ni plutost, ni plus tard, & vous reconnoitrez qu'ils ne vous font pas plus sçavants.

CHAPITRE V.
De la Cure naturelle des Maladies.

L'On doit rendre ce temoignage de verité à la Nature, que tous les Animaux qui sont abandonnez à sa seule conduite ou sont entierement exempts de maladies, ou s'il leur en survient quelqu'une, qu'ils sçavent chercher, connoitre, trouver, & prendre les medicamens propres pour se guarir. Je dis abandonnez à sa seule conduite, car ceux qui sont domestiques, & tous ceux qui sont soûmis à nos usages, sont veritablement sujets à diverses maladies, & souvent n'ont pas recours aux remedes convenables ; mais c'est qu'estant accommodez à nos manieres, & ne suivant pas le pur instinct de la Nature, ils changent leur temperament, & pervertissent l'inclination qu'ils auroient.

Aussi me semble-t'il qu'entre les Animaux Domestiques, & les Sauvages il y a la mesme difference qu'entre les Plantes que nous tenons dans nos jardins, & celles qui sont dans la campagne ; en ce que celles que nous transplantons, que nous arrosons, & que nous cultivons avec grand soin sont sujettes à beaucoup plus de maladies, & durent bien moins que celles qui naissent entre les rochers dans les deserts. Car quoy qu'il ne paroisse pas d'ou celles-cy tirent leur nouriture, & d'ou elles sont de quoy resister aux froidures, & aux secheresses, neanmoins comme elles ont d'une substance forte & vigoureuse, elles subsistent, & se defendent tout autrement que celles que nous cultivons avec beaucoup de soin.

Cependant l'on se plaint de la Nature, & l'on dit qu'elle en a usé comme une Maratre à l'egard des Hommes, & qu'elle ne les a pas instruit comme les autres Animaux à chercher d'eux-mesmes, sans estude, & sans erreur les remedes convenables: Mais certes c'est une plainte fort injuste ; car ce sont les hommes mesmes qui ont degeneré, lorsque n'entretenant, & ne soûtenant pas leur constitution par les alimens preparez par la Nature, asçavoir par les herbes, & par les fruits qui d'eux-mesmes naissét, meurissent, deviennent doux, & sont tres propres pour bien nourrir, ils l'ont changée, & corrompue par des alimens diversement alterez, & gastez ; desorte qu'au lieu qu'ils eussent vescu tres sainement comme font les autres Animaux, & qu'ils eussent eu comme eux par la seule erudition de la Nature la connoissance des choses utiles, & convenables, ils sont devenus maladifs, ignorans, & d'un goust depravé, comme ces femmes qui par la corruption de leur temperament mangent du platre, & du charbon, & rejettent les alimens salutaires.

Veritablement les plus modestes pretextent que la Nature nous a accordé la faculté de raisonner qui supplée à l'erudition naturelle; mais combien seroient-ils donc plus heureusement instruits que nous, que nous, dis-je, qui connoissons si peu de remedes entre un si grand nôbre, qui ne les connoissons presque que par hazard, qui nous en servons tres souvent sans utilité, & quelquefois à nostre dommage; tellement toute nostre raison est obscure & incertaine à l'egard de cette erudition naturelle qui reluisant dans les autres Animaux, a esté offusquée en nous par nostre propre intemperance, au lieu qu'autrement elle nous seroit demeurée en son entier & avec cette mesme raison dont nous joüissons!

Et quoy que cette raison ait fait cet Art que nous appellons la Medecine; qu'il est neanmoins bien plus seur d'estre gouverné par la Nature que par l'Art; d'autant plus que de tout temps on a dit que si nous suivions la Nature, nous ne nous tromperions jamais, & qu'on demeure d'accord que les paysans qui vivent naturellement, & sans art dans la campagne sont bien plus sains, & plus aisement guaris que ceux qui viuant dás les Villes s'abandonnent à l'Art, & oublient presque la Nature.

Aussi lisons-nous dans Celse que cet Art n'estoit autrefois pas necessaire chez les Grecs, ni chez les autres Nations, & Pline marque que le peuple Romain a esté six cent ans sans Medecins; ce qui est d'autant plus croyable presentement, qu'on a decouvert tant de Nations inconnues à nos Ayeuls chez lesquelles il n'y a aucun Medecin, quoyque ces Nations, ajoute Celſe, ne ſoient pas ſans Medecine, ou ſans l'uſage des medicamens propres aux bleſſures, aux venins, & à quelque peu d'autres maladies dont ils ſont quelquefois atteints, comme temoigne expreſſement Piſo en parlant de la Medecine des habitans du Breſil. *Ils ſe ſervent*, dit-il, *de Medicamens ſimples, & ils ſe mocquent des noſtres, parcequ'ils ſont compoſez. Là un chacun ſe fait aiſement pour ſoy & pour les ſiens des medicamens qu'il a pris çà & là dans les foreſts, & s'en ſert ſoit interieurement, ſoit exterieurement avec une ſagacité, & une reüſſite merveilleuſe. Enfin*, ajoûte-t'il, *il n'y a creatures auſquelles la Nature n'ait appris à diſtinguer les alimens & les medicamens des venins, ce qui eſt viſible en cent choſes, & & principalement dans la racine appellée la Mandoque qui eſt l'aliment ordinaire des naturels du Breſil, apres qu'ils en ont tiré un ſuc qui eſt un dangereux poiſon.*

Mais à propos de l'uſage des Medicamens ſimples, voicy ce que Pline dit ſpecialement du Mithridate cet Antidote tant vanté. *Il eſt*, dit-il, *compoſé de cinquante*

Du Temperament 745

cinquante & quatre drogues toutes prescrites en poids inegaux, & quelques unes à la soixantieme partie d'un denier, evidente & monstreuse ostentation de l'Art! la Nature cette divine Mere n'a point fait les Cerats, les Amalgames, les Emplâtres, les Collyres, les Antidotes; ce sont des inventions des Boutiques, ou plutost des artifices de l'Avarice: Ramasser & mesler les forces par scrupules, ce n'est pas l'ouvrage de la conjecture, mais de l'impudence humaine. *Nous ne d'ecrirons point*, dit-il ailleurs, *les drogues des Indes, & des Arabies; les remedes qui naissent si loin de nous ne sont point nez pour nous: la Nature ne pretedoit point qu'il y eust d'autres remedes que ceux qui se trouvoient vulgairement sans peine, & sans depense, & dont nous vivons: La tromperie, & la fourbe ont ensuite trouvé ceux qui nous promettent la vie en les acheptant bien cher, in quibus venalis promittitur vita.* L'on vante les compositions, & les meslanges inexplicables; l'on estime les drogues de l'Inde, & de l'Arabie pour la Medecine, & pour guerir un petit Vlcere l'on fait venir les medicamens par la Mer-rouge, encore qu'il n'y ait personne, quelque pauvre qu'il soit, qui n'ait les veritables remedes à son souper ; si on les tiroit du jardin, de quelque herbe, ou de quelque arbrisseau, l'Art deviendroit trop vil, & trop commun. Il n'est rien certes de plus vray, la grandeur du peuple Romain a esté la ruine des vrayes & naturelles coutumes ; en vaincant nous avons esté vaincus ; nous obeïssons aux Etrangers, & un Art commande aux Empereurs mesmes. Il n'y a Art, dit-il encore ensuite, plus inconstant, & il est sans doute que la plus part de ceux qui en font profession se voulant renommer par quelque nouveauté, font negoce de nos vies. De là viennent ces miserables disputes des Medecins sur les malades dans les consultations, n'y en ayant aucun qui ne soit d'un sentiment different a son compagnon, de peur de sembler approcher du sentiment d'un autre; Et c'est ce qui a donné occasion à cette ancienne Epitaphe. Multitudo Medicorum occidit me.

Ie ne pretens neanmoins pas decrier un Art qui de soy est tres salutaire, ni oster l'honneur à aucun de ces grands & illustres personnages qui l'exercent; je plains simplement l'estat & la condition des choses humaines, qui a fait que cét Art qui de tous les Arts devroit estre le plus utile au genre humain, ait esté jusques à present sujet à une si grande inconstance, & incertitude ; mais ne nous arrestons pas icy davantage.

Observons plutost qu'y ayant deux choses qui travaillent à la Cure d'une Maladie, asçavoir la Nature du malade, & le remede que donne le Medecin, la Nature est le principal agent qui chasse la Maladie, & retablit la Santé ; le remede ne devant estre cherché ou employé que comme un ayde de la Nature qui fasse qu'elle agisse avec plus de facilité ; car en vain le remede aura esté donné si la Nature ne travaille au dedans ; c'est elle qui chasse les choses etrageres, qui remet celles qui ont esté ostées, qui rejoint celles qui ont esté separées, redresse celles qui ont esté tournées, &c. & cecy est si vray que tres souvent elle execute d'elle-mesme & elle seule toutes choses, & que pour achever l'ouvrage elle n'a souvent point tant besoin de remede, ni de l'ayde du Medecin, que de repos, & de temps. D'où vient qu'il est quelquefois fort dangereux de troubler le travail de la Nature, & de la detourner par des Medicamens purgatifs, & autres semblables remedes qui, comme dit Hippocrate, l'irritent & la faschent.

Car quoy que l'on puisse quelquefois mouvoir ou entreprendre quelque chose, & ce dans le commencement de la maladie plutoſt que dans ſa vigueur, neāmoins l'on attend ſouvent avec beaucoup de ſuccez ce que peut faire la Nature, & nous en voyons pluſieurs qui de crainte d'eſtre malades le deviennent, & dont la maladie au lieu d'eſtre adoucie, & allegée par les remedes, eſt irritée & prolongée ou renduë quelquefois incurable, comme il n'arrive que trop ſouvent par ces ſortes de petites, precipitées, & trop frequentes Saignées Pariſienes qui tuerent noſtre grand Gaſſendi, & qui font principalement à Paris tous ces viſages paſles & defaits qu'on ne voit point ailleurs; & meſme par ces frequents boüillons de viande qu'on fait avaler à un pauvre malade, qui ayant le feu & la pourriture dans les entrailles, n'a preſque pas beſoin de nourriture, mais ſeulement de quelque eſpece de ptyſane rafraichiſſante plus ou moins epaiſſe ſelon le beſoin à la maniere d'Hypocrate, & le plus ſouvent de ſimple Diete, de Patience, & de Repos ſoit du corps, ſoit de l'Eſprit, ſelō ce Proverbe Indien, & Perſan qui veut que quand on eſt tombé malade on faſſe le Bœuf, Gau Kon, comme j'ay dit plus au long dans mes Relations où je parle de la Medecine, & des Medecins d'Aſie, leſquels ſont ſur tout tellement ſcrupuleux à l'egard des boüillons de viande, qu'ils croyent que ce ſeroit egorger un Malade que de luy en donner, & qu'il y auroit meſme du danger qu'il ſentiſt l'odeur de la viande.

La Maladie pourroit donc ſembler n'eſtre autre choſe qu'une certaine conſtitution turbulente qui fait que les eſprits ne roulent pas çà & là par les parties du corps avec la meſme liberté qu'ils faiſoient auparavant; mais que les voyes ordinaires eſtant diverſement bouchées, & fermées, ils hurtent, ſont repouſſez, & ſont tournez, ou detournez de ſorte que les fonctions accoûtumées ſont empeſchées, ou, comme on dit vulgairement, ſont bleſſées; d'où il s'enſuit que parceque la Nature fournit toûjours des eſprits, & qu'enſuite de ceux qui ſont entrez dans les caneaux elle en envoye continuellement de nouveaux qui pouſſent à dos, pour ainſi dire, les precedens, & qui ne leur permettent pas de retourner en arriere; il s'enſuit, dis-je, que ceux qui ont eſté envoyez les premiers estant repoussez par les corpuscules de l'humeur morbifique qui bouchent les passages, & derechef repoussez, & aydez par ceux qui succedent, ils sont plus en vigueur, & en plus grande agitatiõ, meuvent, ebranlent, ouvrent, & se font de nouvelles voyes, vont & viennent ça & là de tous costez, & ainsi penetrent, & ebranlent, dissoluent la masse de l'humeur; de la mesme façon que nous avons dit en parlant de la chaleur, que le feu, ou ses corpuscules en s'insinuant, penetrant, resoluant, echauffent, fondent, bruslent, dissipent, &c.

Aussi arrive-t'il, que lorsque les esprits qui sont des corpuscules de nature ignée passent par leurs petis canaux membraneux plus en foule, & avec plus de vehemence, & plus d'irregularité, ils hurtent, picquent, & percent ça & là toutes choses, & font ou excitent ce sentiment qu'on appelle Chaleur ; de sorte qu'aucune matiere morbifique n'est emuë, ebranlée, excitée, & renduë propre à estre chassée, qu'il n'intervienne de la chaleur, & qu'ainsi il ne s'engendre quelque espece de fievre soit violente, soit legere.

Car la Fievre semble ne s'engendrer point autrement, que parceque l'agitation du cœur, & des arteres est plus frequente, & que le sang qui y est contenu devient plus chaud par l'extraordinaire agitation des esprits; or la frequence de l'agitation, ou de la pulsation naist, & suit de ce que pendant que la circulation du sang se fait, les voyes accoûtumées sont de telle maniere bouchées & fermées, qu'a chaque pulsation il n'en passe pas autāt qu'il en vient, & que le cœur ne pouvant pas a cause de la trop grande affluence attendre le temps ordinaire pour le pousser posement comme il faisoit dans les arteres, il est contraint de se mouvoir, & de battre plus frequemment.

Ainsi, ce qui se fait dans une certaine partie, lors qu'une Apostume, ou une humeur crüe se cuit, & se convertit en pus, se fait à proportion dans toute l'habitude du corps, ou principalement dans le foye, lorsqu'il s'y fait quelque semblable amas d'humeur qui avec la matiere du Sang passe dans les veines, dans le cœur, & dans les arteres, & y fait corrompre & pourrir la masse du sang, qui va portant jusques aux extremitez des arteres capillaires la pourriture, & les ordures qui l'empeschent de passer librement, qui font que le battement du poux est plus frequent que de coûtume, & que la chaleur persevere dans sa violence jusques à ce qu'estant brisées, & attenuées, elles transpirent, passent, & s'exhalent en sueur, ou en vapeur par les pores, & laissent la masse du sang plus pure, & plus libre; de mesme que le battement, & l'echauffement cessent dans l'Apostume lorsque cette matiere trop crasse ne pouvant pas toute estre exhalée, est jettée, & amassée dans la cavité, ou dans le sac qui s'est fait par la distention de la peau, & que les petis canaux par lesquels le Sang, & les esprits coulent, sont devenus plus ouverts, & plus libres.

Or c'est pour cela que la chaleur de la fievre n'est point tant la Maladie que le Symptome de la Maladie, & qu'elle n'est point tant engendrée par la Maladie, ou par la cause morbifique de soy, que par la cause qui combat avec la maladie, à sçavoir par les esprits agitez & irritez: Et quoy qu'elle soit censée maladie non seulement parce qu'elle n'est point sans travail, & sans douleur, mais parcequ'elle est quelquefois suivie de la Mort; neanmoins la Mort ne luy doit point tant estre rapportée, qu'a l'abondance, & à la tenacité de la matiere qu'elle n'a pû dôpter, ni refoudre quelque effort qu'elle ait peu faire ; fi ce n'eft qu'on veüille qu'un Emplâtre, ou un autre remede foit cenfé eftre la caufe de la Mort, parcequ'il n'aura peu diffiper la matiere d'une maligne Apoftume. Car la Nature, de mefme que le remede, n'eft quelquefois pas affez forte pour vaincre la maladie, ou la caufe de la maladie qui l'opprime, & il faut enfin qu'apres avoir bien combattu elle fuccombe, les efprits s'affoibliffant, & defaillant peu à peu la chaleur fe temperant, & le froid enfin fuccedant.

CHAPITRE VI.
De la Vie des Animaux.

LA Vie eft une de ces fortes de chofes qui fe conçoivent beaucoup plus clairement en les entendant fimplement nômer, que par quelque definition qu'on en puiffe donner. De là vient qu'il femble qu'on pourroit affez juftement comparer la Vie avec le jour ; car de mefme que l'on conçoit clairement ce que c'eft que le jour du moment qu'on entend prononcer ce mot de jour, & que cependant on ne fçauroit jamais parfaitement exprimer la notion que tout le monde en a, soit qu'on dise que le jour est ou la lumiere dans l'Air, ou l'Air illuminé par le Soleil, ou la presence du Soleil illuminant l'Air, ou la durée du Soleil sur l'Horison, ou quelque autre chose de la sorte; de mesme aussi du moment qu'on entend le mot de Vie, il n'y a personne qui en mesme temps ne conçoive ce que c'est, & cependant si on la veut definir ou l'Ame, ou l'operation & le mouvement de l'Ame, ou l'information de l'Ame, ou l'union de l'Ame avec le corps, ou la demeure & la presence de l'Ame dans le corps, ou la durée de la chaleur naturelle dans l'humide radical, ou autrement; jamais avec toutes ces definitions l'on n'explique bien la notion de la Vie qui d'ailleurs est claire, & evidéte.

C'est pourquoy ceux-là me semblent assez raisonnables, qui se contentant de distinguer la Vie Essentielle, & la Vie Accidentelle, disent que l'Essentielle est l'Ame mesme, l'Accidentelle son Operation : Car quoy qu'il semble que par le nom de Vie l'on doive plutost entendre la presence de l'Ame dans le corps, que l'Ame mesme; neanmoins parceque tant que l'Ame est presente la Vie est, & que lorsque l'Ame manque la Vie manque; cela fait qu'on peut dire que la Vie est l'Ame mesme essentiellement, & qu'Aritote a tres bien dit que *vivre c'est l'estre des vivans*; parceque l'Animal est dit estre tãt qu'il vit, & qu'il vit tant qu'il est animé, ou qu'il a l'Ame. Quoy qu'il semble aussi que par le nom de Vie l'on entende plutost la faculté, ou la force d'operer que l'operation mesme; neanmoins parceque la faculté se connoit par l'operation, pour cette raison la Vie peut estre dite accidentellement l'Operation mesme; je dis accidentellement, parceque l'operation survient, pour ainsi dire, à l'Ame, ou à son information, & peut ne luy estre pas presente, comme dans les Animaux qui sont assoupis durant l'Hyver, dans les Apoplectiques, & dans quelque cessation des Sens que ce soit. Et certes la notion generale de la Vie consistant en ce que la chose qui est vivante agisse, ou soit doüée d'une mobilité & d'une vigueur actuelle, il semble que si la Vie n'est quelque motion, ou operation, elle ne peut du moins s'entendre sans rapport à l'operation.

Quoy qu'il en soit, ce n'est pas sans raison qu'entre les diverses definitions de la Vie que nous venons d'apporter plus haut, nous y avons inseré celle-cy, *la Vie est la consistance & la durée de la chaleur naturelle dans l'humide radical.* Car encore que la chaleur, & l'humidité, ou plutost le chaud, & l'humide ne soient precisement pas la Vie, c'est neanmoins ce qui fomente, & entretient la Vie, de telle sorte que la Vie ne sçauroit durer, ou subsister sans la chaleur, ni la chaleur sans l'humide qui luy serve de pasture, & d'aliment.

Ce n'est pas aussi sans raison qu'Aristote conjoint la Generation, & la Vie, qu'il dit que la generation est la premiere participation de l'Ame, & la Vie la continuation de la generation. Car selon cette pensée la generation n'est rien autre chose que le commencement de la Vie, & la Vie rien autre chose qu'une certaine generation continuelle; de mesme que *l'allumement* n'est rié autre chose que le commencement de la flamme, ou de la *flammation,* s'il est permis de se servir de ces termes, & la flamme rien autre chose qu'un *allumement* continuel, ou continué.

Or j'apporte cet exemple, parceque si l'Ame est une certaine espece de petite flamme, comme nous l'avons expliqué en son lieu, elle est allumée, & commence à luire à chaque Animal au moment de la generation: Et parce que cette petite flamme, soit qu'elle naisse d'elle-mesme, ou qu'elle soit transmise avec la semence, est adherante à l'humide, afin que dans les commencemens il luy serve de pasture, & qu'elle s'accoûtume cependant à s'en ajoindre continuellement de nouveau; il est constant que sa demeure dans l'humide n'est autre chose qu'une continuelle generation d'elle-mesme comme il se fait dans la flamme d'une lampe, ou d'une chandele.

Deplus, parceque cette petite flamme qui est l'Ame, & la Vie, est depuis le moment qu'elle est allumée ou engendrée jusques à l'extinction, c'est à dire jusques à la mort, adherante à l'humide qu'elle devore & consume, de mesme que la flamme d'une lampe est adherante & inseparablement conjointe a l'huille; cela fait que comme celle-cy paroit toujours, & est toujours censée la mesme si elle n'est eteinte, & rallumée, quoy qu'il s'en engendre continuellement de nouvelles, ainsi parce que celle la paroit toujours la mesme depuis la naissance jusques à la mort, elle est toujours reputée la mesme quoy qu'elle change sans cesse.

Cecy pourroit peuteftre paroitre merveilleux, & peuteftre mesme un peu abfurde, de ce qu'il s'enfuit delà qu'un Animal ne demeureroit jamais le mesme, & que celuy qui meurt ne feroit pas le mesme que celuy qui feroit né. Cependant on ne sçauroit autrement interpreter ce que tous les Medecins admettent, & appellent *Calidum innatum, chaud naturel*, ou la chaleur naturelle, à la difference de l'accidentelle, ni ce qu'ils appellent *humidum primigenium, humide radical*, à la difference de celuy qui survient, & principalement de l'alimenteux.

Mais pour expliquer un peu d'avantage la chose. Comme la semence dont l'Animal eft formé, eft chaude, & humide, on doit entédre que sa substance eft composée de deux sortes de particules, sçavoir de chaudes qui echauffent, & d'humides qui soient echauffées : Et parce que celles là ne sont autre chose que des corpuscules de chaleur, qui penetrant de tous coftez par leur mobilité, sortent enfin de telle maniere qu'ils enlevent, & emportent avec eux en l'air des particules de l'humide, il faut que ces dernieres particules fassent ou côftituent un humide non pas aqueux, mais gras, & qui côtienne par conſequent au dedans de ſoy les corpuſcules de chaleur couverts, & embaraſſez qui ſoient decouverts & delivrez par les autres qui penetrent & inciſent l'humide, enſorte que les corpuſcules calorifiques de l'humide ſoient de meſme nature, & faſſent la meſme choſe que les autres qui les ont delivré, c'eſt à dire qu'ils ſortent auſſi, & emportent avec eux des corpuſcules de l'humide; d'où il s'enſuit qu'il faut ſubſtituer un autre humide gras, d'où il ſoit premierement excité de nouveaux corpuſcules de chaleur, & ainſi ſucceſſivement, & continuellement tant que l'Animal dure en vie.

Or comme la ſemence s'etend, ou eſt etendue, & formée en parties du corps, il eſt conſtant que chaque partie doit avoir quelque choſe de chaud, & d'humide, & qu'elle a beſoin d'aliment pour croiſtre, pour s'augmenter, & pour reparer la perte avec uſure. Or cet aliment eſt de telle maniere travaillé, purifié, & perfectionné dans l'eſtomac, & dans le foye, que paſſant au cœur ſous la forme d'humide, il eſt remué, inciſé, & attenué par le battement du cœur & les corpuscules de chaleur sont delivrez, & debarassez, & sont faits, ou deviennent esprits, c'est à dire sont le chaud naturel mesme, qui avec l'humide passe dans les arteres, & de là aux parties pour les renouveller, & les reparer ; d'ou l'on peut entendre que le chaud naturel, & l'humide perseverent toute la vie par succession, par substitution, & comme on parle d'ordinaire, par equivalence.

Je dis par equivalence ; car il est impossible de comprendre que ce soit la mesme en nombre qui estoit au comencement dans la masse de la semence ; il est, dis-je, impossible de concevoir qu'il y ait en quelque endroit dans le corps une chaleur qui ne se puisse exhaler, & une humeur qui ne se puisse resoudre ; dautant plus que ce qu'il y en a doit estre non ramassé en un tas, mais repandu par tout le corps, & par consequent fort rare, & ses particules fort ecartées les unes des autres, puisque l'Animal qui est si petit dans son commencement se fait ensuite si grand & si etendu, que pour une ancienne particule il y en à des milliers de nouvelles. Or s'il est vray que les particules de l'humide soient tellement rares, & ecartées les unes des autres, comment pourroient-elles refifter non feulement a l'action de la chaleur *innée*, ou naturelle, mais à celle de l'accidentelle, principalement lors qu'elle devient tres vehemente comme dans la fievre? D'ou leur viendroit cette prerogative, que toutes celles qui font aux environs feroient diffipées, & que celles-cy ne le pourroient eftre? Si elles avoient demeuré dans l'Animal qui engendre, n'auroient-elles pas pû eftre diffoutes, & diffipées? Et fi l'Animal côme l'homme, par exemple, eftoit fi petit dans fon commencement, & dans fa premiere formation, qu'il n'egaloit peuteftre pas la grandeur d'une petite fourmy, & que cependant il devienne fi grand comme nous le voyons, comment eft-il poffible qu'encore que la premiere trame, ou les premiers filamens demeurent, ce foit toujours le mefme Animal, apres qu'une infinité de parties font furvenues, & ont efté fur-ajoutées? Auffi y en a-t'il qui ont comparé l'Animal au navire d'Argos, qui paroiffoit toujours le mefme, quoy qu'il ne luy reftaft pas une feule piece de celles dont il avoit efté bafty au commencement.

Remarquons icy en paffant que lors

qu'il s'agit de l'Homme, l'on ne parle pas de son Entendement ou de son Ame raisonnable, qui estant immaterielle n'est point sujette à la dissolution, d'où vient qu'à son egard l'Homme peut estre dit avoir demeuré le mesme depuis le moment qu'elle a esté infuse jusques à ce qu'elle sorte; mais l'on parle de son corps, & de son Ame sensitive, entant qu'à l'egard de l'un & de l'autre il n'est point different des autres Animaux.

Remarquons encore que si nous avons concedé que la premiere trame, & les premiers filamens, ou les premieres parties engendrées ne perissent pas, c'est gratuitement ; car il est inconcevable qu'elles ne perissent, quoy que de nouvelles parties succedent de telle maniere en la place des premieres, qu'elles gardent toujours la mesme forme, & la mesme configuration: Et mesme comme cette succession, & cette substitution de nouvelles parties a lieu à l'egard de l'Ame sensitive qui estant formée de corpuscules tres tenus, tres mobiles, & tres actifs, s'exhale, se dissipe, & se repare continuellement de mesme par de semblables corpuscules qui surviennent; ce n'est pas merveille que les mesmes incli-

nations demeurent, ensorte qu'il soit toujours vray de dire qu'on a beau chasser la nature, elle retourne toûjours.
Naturam expellas furcâ, tamen usque recurrit.

Et c'est en vain qu'on objecte que nous-nous souvenons de ce que nous avons fait pendant la vie, & depuis nos plus tendres années, & que nous reconnoissons que nous sommes les mesmes à qui telles, & telles choses sont arrivées dans le cours de la vie. Car pour ne dire point icy qu'il y a plusieurs choses dont nous ne nous souvenons plus, ce qui est une marque que les parties de la phantaisie, & du cerveau se changét, & que les especes s'evanoüissent avec elles ; s'il y a des especes qui demeurent plus constamment, & qui representent les choses passées, la raison en est evidente de ce qui a esté dit en parlant de la Phantaisie, & de la Memoire, il est, dis-je, evident que cela vient ou de ce qu'elles ont esté imprimées plus fortemét, & plus profondement, & qu'ainsi elles ne se sont pas effacées sitost, ou qu'en racontant souvent, & repassant par nostre Memoire les mesmes choses, nous les avons derechef imprimées fortement, & enfoncées profondement.

CHAPITRE VII.

De la Mort Naturelle, & Violente des Animaux.

LA Mort se prend quelquefois en general pour la corruption de chaque chose, ensorte que comme tout ce qui s'engendre est dit naistre, tout ce qui se corrompt soit dit mourir. Ainsi Ausone demande s'il y a lieu de s'etonner que les Hommes perissent, puisque les Monumens mesmes, les Marbres, & les Inscriptions meurent.

Miremur perijsse homines ? Monumenta fatiscunt,
  Mors etiam saxis, nominibusque venit.

Ainsi Lucrece dit qu'une chose meurt lorsque ses principes changent de disposition, & qu'elle sort, pour ainsi dire, hors de ses bornes, ou n'est plus sous sa mesme forme, & sous sa mesme circonscription.

Nam quodcunque suis mutatum finibus exit,
Continuo hoc Mors est illius quod fuit antè:

On dit mesme encore generalement que la flamme, & tout ce qui a de soy ou interieurement quelque motion meurt, lorsque sa vigueur & sa mobilité cessent.

Mais la Mort specialement prise, ne regarde que les choses qui ont une veritable vie, comme sont les Plantes, & les Animaux, & c'est pour cela qu'elle est proprement definie *la privation de la vie*, Et dautant qu'on fait distinction entre la vie des Plantes, & celle des Animaux, l'on definit la Mort à l'egard des Plantes, la privation de la Vegetation, & du principe de la Vegetation, c'est dire la cessation de cette chaleur, de ce petit feu, ou de cette espece de petite flamme en quoy consiste l'Ame Vegetante, comme nous avons dit en son lieu.

A l'egard des Animaux elle est definie la privation de Sentiment, & du principe du Sentiment, ou de l'Ame Sensitive, qui consiste aussi, comme nous avons dit en son lieu, dans une espece de chaleur, de petit feu, ou de petite flamme qui est comme la Fleur de la matiere, ou la partie de la matiere la plus tenue, la plus mobile, & la plus active ; car du moment que l'Animal est privé du Sentiment, & de la faculté de sentir, & que sa chaleur naturelle est eteinte, s'en est fait de sa Vie, & il est censé mort.

Remarquez que j'ay dit la privation

non seulement du Sentiment, mais encore du principe du Sentiment ; car il y a des maladies dans lesquelles l'Animal quoyque privé de toutes les fonctions des Sens, est encore censé vivant, ou n'estre pas mort; parceque la faculté de sentir n'est point tant eteinte qu'assoupie, & qu'elle peut estre derechef excitée, comme un feu qui est caché & ensevely sous les cendres.

Il y a mesme des Animaux, comme nous avons dit ailleurs, qui par une certaine institutió de la Nature, & sans estre pris d'aucune maladie, dorment tout l'Hyver, & sont tellement assoupis qu'on les pourroit couper par morceaux, ou les brusler sans qu'ils en sentissent rien, & qui cependant vivent, ou ne sont pas morts; puisqu'au Printemps le Sentiment leur revient comme auparavant : Et c'est principalement cet assoupissement ou ce sommeil profond qu'on pourroit appeller avec Lucrece le Cousin germain de la Mort, ou l'image de la Mort.

Tum consanguineus Morti sopor, ———
Dulcis & alta quies, placidæque simillima
  Morti.
Stulte quid est Somnus gelida nisi Mortis
  imago?

Et avec Homere δίδυμος le jumeau de la Mort, &c.

Or il est à remarquer qu'encore que le Sommeil ne soit qu'une privation du Sentiment, puisque les autres fonctions de la vie demeurent; neanmoins tous les Philosophes, chacun selon leurs principes, en ont philosophé comme n'estant different de la Mort que selon le plus, & le moins. Car Empedocle par exemple, qui croit que le Sommeil vient d'un certain refroidissement moderé de la chaleur qui est dans le Sang, croit de mesme que si le refroidissement est total, c'est là la Mort. Ainsi Aristote qui estime que la cause du Sommeil est un certain refroidissement qui survient au Cerveau apres que le Cerveau a receu les fumées des alimens, estime aussi que la Mort arriveroit s'il se faisoit un refroidissement entier. Ainsi enfin Leucippe, Democrite, & Epicure, qui soûtenoient que ce qui faisoit le Sommeil c'estoit que les esprits ignées se trouvoient rares, dissipez, ecartez, & eloignez les uns des autres, soûtenoient aussi que la trop grande rareté, & dissipation faisoit la Mort.

Major enim turbæ disjectus materiaj
Consequitur Letho, &c.

Pour dire premierement, & principalement quelque chose de la Mort Naturelle, c'est à dire de celle *dont le principe, comme parle Aristote, est dans l'Animal, ou dans la nature mesme de l'Animal* ; il faut d'abord remarquer que la Mort n'est pas moins de l'institution de la Nature que la Vie, ou generalement que la Corruption est autant naturelle que la Generation. Car quoy qu'il semble que rien ne puisse mourir, ou estre corrompu qu'il ne se fasse quelque force, ou quelque violéce à la chose qui meurt ou qui est corrompue ; neanmoins la Mort ou la corruption n'en doit pas moins pour cela estre censée naturelle, en ce qu'encore qu'elle ait quelque chose de repugnant à la Nature particuliere, cela neanmoins est convenable à la Nature universelle qui ne peut entreprendre la generation d'aucune chose, que par la corruption d'une autre, afin de prendre de là la matiere qu'elle ne sçauroit créer ou tirer du rien : Si bien que la perfection de l'Univers ou de la Nature consistant dans la varieté, & estant beaucoup plus convenable que plusieurs choses paroissent successivement sur le Theatre du Monde, que s'il n'y en paroissoit qu'une

conti

Du Temperament

continuellement, & perpetuellement, l'on doit reputer qu'il est sagement, & prudemment institué, qu'afin qu'il se fasse continuellement des choses nouvelles, les vieilles se defassent aussi, ou perissent continuellement, & se donnent la lampe de la Vie, comme dit Lucrece, les unes aux autres.

———— *Et sic vitaï lampada tradant.*

D'où vient que si mourir semble à quelqu'un une chose dure, & fascheuse, il doit penser qu'il n'est né, & qu'il ne joüit presentement de la lumiere du jour, que parceque ceux qui l'ont precedé, & qui ont esté mortels luy ont fait place, & que s'ils eussent esté exempts de la Mort, ou ils n'eussent point eu de Successeurs, ou s'ils en eussent eu, le nombre en seroit si grand que la Terre ne les pourroit pas maintenant contenir.

Mais ne nous arrestons pas sur cecy davantage, & parlons de la Mort mesme entant qu'elle est naturelle selon qu'Aristote la definie. Il est constant que la chaleur naturelle qui dans le cómencement de l'âge est forte, & vigoureuse, s'affoiblit peu à peu, & que venant enfin à máquer l'Animal meurt ; parceque la Vie consistant dans cette chaleur, comme dans une espece de petite flamme allumée, il en arrive de mesme qu'a la flamme d'une lampe qui s'eteindroit faute d'huile, ou plutost qui s'eteindroit faute de force, & de cette vigueur qui est necessaire pour convertir sa pasture en sa propre substance: Car la chaleur naturelle ne perit point tant faute d'aliment, que parce qu'elle n'est pas assez forte, & assez vigoureuse pour alterer l'aliment, & pour le changer : Et l'on peut dire qu'il en est comme de la meche d'une Lampe qu'on allumeroit l'huile de la Lampe estant gelée.

Car de mesme que la flamme de la meche doit faire deux choses pour pouvoir estre conservée, l'une de convertir en soy ou en flamme, & de consommer ce peu d'huile fondüe qui est tout proche & alentour d'elle, l'autre d'en degeler, & d'en faire fondre autant du reste de la masse qu'il en est cependant consommé; ainsi la chaleur naturelle qui est allumée dans un Vieillard doit faire deux choses, l'une qui est de devorer ou consommer ce peu d'humide de l'aliment qui a esté chãgé, & preparé, & rendu propre à estre enflammé, l'autre qui est de changer, & de preparer autant du reste de la masse de l'aliment qu'il en est cependant consommé. Et de mesme que la petite flamme s'affoiblit, & s'eteint, non faute d'huile, mais faute de vigueur pour la faire fondre, & la rendre propre à estre enflamée; ainsi la chaleur naturelle s'affoiblit, & manque enfin toutafait, non point tant parcequ'il y ait faute d'aliment, que parcequ'elle est trop foible pour l'echauffer, & en faire sa nourriture.

Pour ce qui est de la Mort violente, si l'Animal meurt de blessure, de fievre, ou de quelque autre semblable cause, il semble veritablement qu'il se peut faire que l'Ame soit alors dissipée comme une espece de fumée, ou de nuage; mais s'il meurt roide, & glacé dans un Air tres froid, ou suffoqué dans l'eau, ou etranglé, ou de quelque autre maniere de la sorte etouffé, l'Ame ne semble point tant alors estre exhalée, ou dissipée, que retenüe & resserrée, ou pour me servir d'autres termes, elle ne semble point tant perir par rarefaction, qu'estre eteinte par condensation. La raison de cecy est que l'Ame estât une espece de feu, elle a besoin d'estre dans une motion continuelle, & non seulement elle demande au dedans du corps de l'espace pour pouvoir estre agitée, & eventée, mais aussi quelques soûpiraux par où elle puisse pousser au dehors les fuliginositez, & les fumées les plus grossieres, & par où elle puisse faire exhaler continuellement quelque partie d'elle-mesme, comme elle s'approprie cõtinuellement quelque partie de l'aliment; de sorte qu'il faut de necessité que lorsque les petis espaces au dedans desquels l'Ame fait ses motions sont resserrez par la force du froid qui penetre jusques aux parties interieures, ou remplis par les fuliginositez & les fumées qui sont arrestées, & reprimées acause que les Soûpiraux sont bouchez; il faut, dis-je, que les motions cessent, que l'aliment qui estoit destiné pour entretenir la petite flamme demeure dans sa densité, ou ne soit plus rarefié & attenué en flamme, & qu'ainsi la petite flamme cesse, ou soit eteinte, sans pouvoir s'exhaler & sortir au dehors, comme elle feroit si les Soûpiraux estoient libres & ouverts.

De là vient que si l'on peut de bonne heure tirer l'Animal hors de l'eau, & le suspendre par les pieds, en sorte que la plus grande partie de l'eau qu'il aura beüe sorte doucemét par la bouche, & qu'ainsi le diaphragme soit moins pressé ou empesché par le ventricule, & la poitrine, & l'orifice de la Trachée-artere plus libre & plus dégagé; alors le Cœur auquel il reste encore quelque vigueur, & quelque espece de battement tres foible & tres lent, commence peu à peu à se mouvoir, & à battre plus frequemment, & la Vie par ce moyen à se rallumer, & à revenir peu à peu. Et il en arriveroit de mesme à proportion à l'egard de celuy qui auroit esté comme suffoqué par des vapeurs, ou des fumées grossieres, si on l'exposoit de bonne heure dans un Air bien pur ; ou à celuy qui auroit esté comme etranglé, si l'on coupoit vistement la corde ; ou enfin à celuy qui seroit roide de froid, si on le mettoit aussi au plutost dans un Air plus chaud.

Il est vray que c'est une chose etonnante, comment il se puisse faire que les Hirondeles, les Marmotes, & ces autres Animaux dont nous avons parlé, revivent au Printemps, quoy qu'il ne leur ait resté aucun mouvement du Cœur dans la glace, ou dans ces autres lieux où ils estoient cachez.

Mais ne pourroit-on point dire I. que le Cœur est une espece d'Automate, qui à la maniere des Automates Artificiels fait ses mouvemens & ses pulsations par le moyen de certaines petites Machines particulieres. II. Que la fonction de ces petites Machines peut cesser, ou parce qu'estant trop fragiles, elles se rompent, ou parce qu'estát trop tenaces elles sont empeschées, & retenues. III. Que la pulsation du Cœur dans les autres Animaux eſtant une fois abolie ne ſe recouvre pas, parceque les petites Machines trop fragiles ont eſté comme briſées & meurtries par les efforts & par les mouvemens convulſifs du Cœur, & renduës inhabiles à leurs fonctions, mais que dás ceux-cy elle ſe recouvre, & ſe retablit parceque les petites Machines trop tenaces ont ſeulemét eſté empeſchées par le froid qui a gelé les entrailles. IV. Que tout venant à ſe degeler par la chaleur du Printemps, les entrailles, & le Cœur ſont remis & retablis dás leur premiere liberté.

Et c'eſt pour cela que dans l'evanoüiſſement ordinaire l'on approche du Vin aux narines & à la bouche, afin qu'il ſoit envoyé des eſprits reſolutifs qui excitent, qui rejouiſſent, & qui aydent la poitrine, & le cœur. Car ſi l'on jette de l'eau froide ſur le viſage, & ſi dans l'Apoplexie l'on applique des Ventouſes, l'on ſcarifie, l'on arrache le poil, l'on pince, & l'on tourmente ainſi le corps en cent façons; ce n'eſt qu'afin que le Sentiment qui eſt comme endormy & aſſoupy ſoit excité, & reveillé, c'eſt à dire que les eſprits par leur rebondiſſement puiſſent de telle maniere mouvoir le Cerveau, que paſſant de là au Cœur qui eſt languiſſant ils l'excitent, & qu'ainſi la Vie, & le Sentiment ſe recouvrent ou ſoient retablis.

Au reste, l'on pourroit peuteftre demander icy comment il se peut faire que certains Animaux, cõme la Tortuë, & quelques autres, vivent encore quelque temps apres qu'on leur a ofté le Cœur ; & qu'entre les Hommes mefmes on en ait obfervé qui ont prononcé quelques paroles apres qu'on leur a arraché le Cœur par punition, comme il fe fait en de certains pays ? A l'egad des Hommes, & des autres Animaux de femblable contexture, quoy qu'ils demeurent encore quelque temps en vie fans cœur, il eft neanmoins conftant que c'eft tres peu de chofe, & que cela depend encore de l'influence qui a efté derivée du Cœur, entant que les efprits Animaux formez du plus pur fang arteriel qui aura efté tranfmis au Cerveau, continuent encore quelque temps leur motion, & continuent encore pour un peu de temps à eclairer la Phantaifie, & à couler dãs les nerfs, d'ou il refulte encore quelque mouvement dans la langue, & dans les autres parties.

Pour ce qui eft de ces Animaux dont les parties coupées vivent, fentent, & fe meuvent encore quelque temps, nous en avons deja parlé ailleurs, & il eft à croire que le Cerveau eftant le principe du fentiment, & du mouvement, il refte dans ces parties coupées, par exemple dans la queüe d'un laisard, ou d'un serpent une espece de Cerveau dans lequel l'Ame sensitive, la phantaisie, & les esprits demeurent encore quelque téps en vigueur, entant que la moële de l'espine, qui est une continuation du Cerveau, a encore les nerfs qui peuvent obeir à leur ordinaire : Or ces esprits demeurent encore longtemps en vigueur acause de la multitude, succession, & compaction des Vertebres d'ou ils ne se peuvent pas sitost exhaler par la coupure.

CHAPITRE VIII.
De la Medecine Vniverselle, & des Années Climacteriques.

L'On demáde s'il ne se pourroit point trouver quelque Medecine qui non seulemént prolongeast extraordinairement la vie, comme veulent Paracelse, Bacon, Arnaud de Villeneuve & autres, mais qui rendist l'Homme immortel, cóme pretend Flud, Conrad, & tous leurs adherens, c'est à dire les Freres de la Rose-Croix, qui se sont imaginez que l'on pouvoit par l'Art de la Chymie faire ce qu'ils appellent l'Elixir de Vie, la Pierre Philosophale, la Medecine Catholique ou universelle, ou autrement le Grand-

Oeuvre, & par là changer les Metaux imparfaits en Or qui est de tous les Metaux le plus parfait, & le plus incorruptible, & depoüillant l'homme de toutes ses impuretez grossieres & terrestres, le changer en homme parfait, & incorruptible.

Ils prennent pour fondement de leur Vision 1. qu'il y a une Ame generale du Monde, *Spiritus intûs alens, &c.* dont nous avons deja parlé plusieursfois, un certain Esprit penetrant, nourrissant, vivifiant, & entretenant toutes choses, & principalement l'Homme dont il est par consequent le veritable Chaud, & le veritable Humide naturel & radical.

II. Que cet Esprit qui se respire avec l'Air, & qui se prend avec les alimens, qui se resserre, & se dissout, qui entre, & qui sort, & qui fait la vie en entrant, & la mort en sortant, peut par la Chymie estre rendu fixe, ou incapable d'estre dissous, & peut ensuite estre converty en nostre propre substance.

III. Que l'Or seul acause de son indissolubilité, & incorruptibilité estant propre à retenir cet esprit, il le faut ouvrir ensorte qu'estant exposé aux rayons du Soleil d'ou l'esprit sort comme d'une source vive, ou cóme du cœur & du centre du Monde, il s'en imbibe de telle maniere que les petis rayons de l'esprit qui viennent avec la lumiere puissent atteindre les petits rayons de l'esprit qui sont cachez & retenus dans l'Or, & soient de telle maniere pris & incorporez avec eux qu'il y en ait en abondance, & que les seuls filamens primitifs de l'Or qui servent pour la fixation demeurent.

IV. Que c'est proprement cela que maintenant ils appellent la Pierre Philosophale acause de sa fixité parfaite ; le veritable Or potable acause de sa substãce rougeastre qui se peut aisement dissoudre en liqueur ou par la chaleur, ou par l'humidité ; la Medecine Catholique ou Vniverselle acause que c'est un remede à toutes les Maladies ; & l'Elixir de Vie acause qu'il fait qu'on ne meurt point, ou qu'on vit perpetuellement.

V. Que cet Elixir pris en maniere d'aliment, & attenué ou subtilisé par la force de la chaleur, ou de l'humidité, penetre par tout le corps, s'unit à l'esprit qui precede dans le corps, le fixe, & demeure attaché indissolublement avec luy, ce qui fait que l'Homme n'a bientost plus besoin des alimens ordinaires, & que ce principe de Vie demeurãt constamment, il ne craint plus ni la faim, ni la soif.

VI. Que par là l'Homme est peu à peu depoüillé de toute sa crasse ou grossiereté terrestre, & devient sinon tout à fait spirituel comme les Anges, du moins fort approchant; d'où vient qu'il est dit *paulò minor ab Angelis*, & qu'il a toutes les perfections que les Theologiens attribuent aux Corps glorieux apres la Resurrectió, l'Agilité, la Subtilité, la Clarté, &c.

VII. Qu'il n'y a rien qu'un tel homme ne sçache, parce qu'a raison de l'Homogeneité il communique alors parfaitement avec l'Esprit ou l'Ame du Móde, & que n'estát plus offusqué par les tenebres materielles, rien n'épesche qu'il ne sçache toutes choses avec l'Ame du Monde qui est presente par tout, & qui sçait tout.

VIII. Qu'il se peut trouver present à qui bon luy semblera, & quand, & comment il voudra, & luy enseigner ce qu'il trouvera à propos; car quoy qu'il n'en use familierement qu'avec ses semblables les immortels & adeptes, il a neanmoins toujours de l'inclination pour ceux qui ont l'Ame pure, & la volóté de parvenir droite & veritable: Enfin il n'y a rien d'etonnát ou d'admirable qu'il ne puisse faire, parcequ'il n'ignore ni les vertus des choses, ni la maniere de les appliquer.

Il est bon maintenant de sçavoir comment ils ont peu à peu donné dans ces Visions, qu'on pourroit justement appeller, pour me servir des termes de Pline, *puerilium deliramentorum, auidæque nunquam desinere mortalitatis commenta*, des Songes vains & pueriles d'hommes qui voudroient ne mourir jamais. Comme ils ont esté elevez dans la Religion, ils ont veritablement entédu dire que nos corps devoiét revivre un jour, & que les corps des gens de biē ressusciteroient glorieux, c'est à dire doüez de toutes ces perfections que nous avons dit ; mais parcequ'ils n'ont pas eu assez de foy, & que cependant la chose leur a plu, il leur est venu en pensée qu'il seroit bien meilleur de passer tout vivants dans cet estat, que de hazarder le coup en mourant. Et parcequ'ils avoient oüy dire d'ailleurs que les paroles de la Sainte Ecriture avoient divers sens, que tout ne se devoit pas entendre à la lettre, & qu'il n'y avoit rien dans la Religion qui ne deust estre regardé comme un Mystere; pour cette raison ils n'ont veritablement pas abandóné toute la foy qu'on doit aux Dogmes sacrez, mais neanmoins cóme ils estoient extremement epris de l'amour de la vie presente, ils ont tout interpreté de cette vie, & luy ont tout rapporté.

D'ailleurs, comme ils avoient deja fait quelque progrez dás la Chymie, & qu'ils avoient trouvé quelques remedes propres à chasser les maladies, & à prolonger la vie, ils ont premierement pensé si par leur Chymie il ne s'en pourroit point trouver quelqu'un qui la prolongeast, & la côtinuast toujours; ils se sont ensuite imaginez que la chose pourroit bien estre, & puis roulant cela longtemps dans leur Cerveau, ils se sont enfin absolument persuadez qu'il n'y avoit rien de plus vray, ni de plus asseuré. Ainsi charmez & comme enchantez dans leur vision, & n'ayant aucune reverence pour l'interpretation ordinaire & receuë des paroles de la Sainte Ecriture, ils ont bié osé dire que le glorieux sang de Iesus-Christ, par lequel nous avons esté lavez & rachetez, n'est autre chose que leur Medecine Catholique ou Vniverselle; que l'Hôme meurt lorsque par son moyen il est depoüillé des parties grossieres, & terrestres du corps; qu'il ressuscite lorsque par là il devient incorruptible; & qu'il est glorifié lorsque par là mesme il est clarifié de ces perfections.

 Ce sont là leurs sentimens, leurs termes, & comme j'ay deja insinué, leurs Visions Chymeriques, qui ne sont point tât à refuter, qu'elles doivent faire compassion, ou plutost estre en abomination; puisqu'elles font tât d'horreur aux Ames pieuses, & qu'elles sont tellement eloignées de toute raisó, qu'il y a lieu de s'etonner qu'il y ait des gens, qui d'ailleurs temoignent avoir de l'Esprit, & de l'intelligence en autres choses, se laissent en cecy tromper si miserablement. Car sans m'arrester à cette temerité avec laquelle ils rejettent le sens literal de la Sainte Ecriture, comme si tout ce qu'elle contiét n'estoit autre chose que des Mysteres de Chymie inventez pour couvrir leur Medecine, je demande seulement sur quel fondement ils ont pû appuyer des badineries si basses, & si ridicules? Ie veux qu'il y ait une Ame du Môde, ou un esprit penetrant & entretenāt toutes choses, quelle raison peuvent-ils avoir pour croire que cet esprit puisse estre pris, embarassé, & fixé? Est-ce qu'estant tellement subtil, & tellemét mobile qu'il penetre tout, & passe au travers de tout, ils prepareront l'Or de telle maniere que lorsqu'il sera une fois entré en une chose, il n'en pourra plus sortir? Et n'en sortira-t'il pas mesme d'autant plus aisement qu'on suppose que l'Or a esté ouvert, etendu, & rendu comme spongieux?

Car à l'egard de ce qu'ils disent que l'esprit Solaire, ou celuy qui vient du Soleil est pris, & retenu par celuy qui est dans l'Or; d'ou vient que les parties estāt ouvertes, celuy de l'Or ne pourra pas sortir comme le Solaire entre? Pourquoy celuy de l'or retiendra-t'il plutost le Solaire, que le Solaire qui est repádu par tout ne tirera celuy de l'or? Comment est-ce qu'un esprit qui est de telle manière embarassé, fixé, & comme emprisonné qu'il ne sçauroit se mouvoir, rendra le corps agile? Et comment est-ce qu'une Medecine qui est composée d'or, & d'esprit, & qui est tellement alterée qu'elle devient chaude, humide, & qu'elle est dissoute & repandue par tout le corps, rendra le corps inalterable, & incorruptible? Enfin y a-t'il rien de plus fabuleux que de s'imaginer que cette Medecine puisse rendre un hóme parfaitement sçavant, cóme s'il estoit constát qu'il y eust une Ame du Móde, que cette Ame sceut toutes choses, & que nos Ames en fussét des parcelles?

Mais à quoy bon poursuivre des Chymeres, puisqu'il ne faut que leur demander quel est celuy d'entre eux qui soit jamais parvenu à ce pretendu estat d'immortalité? Disons-leur encore une fois, *puerilium deliramentorum, auidaque nunquam desinere mortalitatis commenta sunt*, & leur appliquons ces quatres Vers qui marquét la foiblesse, l'audace, & sotise de l'Homme qui se voit un corps paistry de boüe, & sujet à mille infirmitez, & qui cepédát se va imaginer qu'il pourra trouver quelque invention pour eviter la Mort.

*O nimiùm infirma, & fragilis, nimiúmque
 superba,
Atque audax natura hominis! quo freta pe-
 rennem
Stulta tibi vitam promittis? desine velle,
Cùm sis vile lutum ætatem sperare Deorū.*

L'opinion, & la peur qu'on a des jours Climactériques sõt aussi une sorte de Vision qui n'est guere moins vaine & ridicule. L'observation que les Medecins ont fait des jours Critiques séble avoir donné occasion à cette Chymere. Car comme dans les Maladies il arrive d'ordinaire chaque septieme jour ou la guerison, ou la mort, ou quelque chose qui regarde l'une ou l'autre; ainsi les hommes, *ad nihil non fingendum, credendúmque nati*, nez à se forger, & à croire toutes choses ont commencé à s'imaginer que chaque septieme année estoit sujette à quelque grand peril, & à quelque accident fort dangereux. Cóme si entre les jours & les années, ou entre les circuits du Soleil qui se font par le mouvement du premier Mobile du Levant au Couchant, & ceux qui se font par le mouvement propre du Couchant au Levant selon le Zodiaque, il y avoit une si grande habitude, & une si grande connexion, que chaque hóme en fust affecté à pareil nombre de ces circuits, quoy qu'il y ait une si grande difparité de durée? Comme si de mesme que le septieme, le quatorzieme, & le vingtieme, ou le vingt & unieme jour sont extrememement Critiques ; ainsi la septieme, la quatorzieme, & la vingtieme, ou vingt & unieme année estoient extrememement Climacteriques, ou extrememét tuantes? Ou comme si de mesme que la quarante & neuvieme, la soixante & troisieme, & la quatre vingt-unieme Année sont censées extrememét Climacteriques; ainsi le quaráte & neuvieme jour, le soixáte & troisieme, & le quatre vingt & unieme jour devoient estre ou estre censez extrememement Critiques? Mais à quoy bon aussi s'arrester sur cette Imagination, puisque non seulement elle n'est fondée sur aucune raison, mais que l'Experience nous enseigne que les uns meurent la seconde année, les autres la troisieme, les autres la quatrieme, & ainsi du reste, & que la Mort n'attend, ou ne choisit point plutost les septiemes années que les neuviemes?

CHAPITRE IX.
De la Durée de la Vie des Animaux.

SOlon, & avant luy Stacée dans Herodote, bornent la vie des Hommes, le premier à soixante & dix ans, & le second à quatre vingt quatre ; ce qui ne convient pas mal avec ce que dit le Psalmiste Royal, *Les jours de nos années sont de soixante & dix ans, & si dans ceux qui sont les plus robustes ils vont jusques à quatre vingt, ce qui passe au de là n'est plus que travail, & douleur:* Mais l'on sçait neanmoins que cela ne se doit prendre que pour ce qui arrive plus ordinairement ; puisqu'il est constant, non seulement par les Autheurs profanes, mais par les Saintes Ecritures mesmes, qu'il y en a plusieurs à l'egard desquels ces limites se doivent etendre plus loin.

Et defait, la Sainte Ecriture marque que Moyse avoit quatre vingt ans lors qu'il tira le Peuple d'Israël de l'Egypte, qu'il le gouverna ensuite quarante ans entiers dans le Desert, & qu'il mourut âgé de cent & vingt ans : Que Noë qui estoit né six cent ans avant le Deluge, & son Fils Sem cent ans, ont vescu long-temps apres le Deluge, celuy-là trois cent cinquante ans, & celuy-cy cinq cent : Et qu'apres le Deluge les descendás de Sem jusques à Abraham, à l'exception de Nachor qui ne vescut que cét quaráte & huit ans, ont passé au de là de deux cent, de trois cent, & de cinq cent ans. Nous lisons mesme qu'Abraham vescut cent soixante & quinze ans, Isaac cent quatre vingt, Iacob cent quarante sept, Levi cent trente & sept.

Et afin qu'on ne s'imagine pas que la Vie ait tellement decru depuis Moyse jusques à David, nous lisons aussi que le Pontife Joïadas qui estoit environ deux cent ans apres David, a vescu cent trente ans; pour ne dire point que des Ecrivains authorisez temoignent qu'entre les Saints Hermites Saint Antoine a vescu cent & cinq ans, S. Paul cent & treize, S. Romuald cent & vingt, S. Servate Disciple des Apostres, & Eveque de Tangre trois cent soixante & dix.

Mais pour retourner aux profanes, Solon mesme qui avoit limité la Vie de l'Homme à soixante & dix ans, en a vescu cent, Terentia la fille de Ciceron cent & trois, Hippocrate cent & quatre, Empedocle cent & neuf, Clodia fille d'Ofilius cent & quinze, Cresibe Historien cent vingt quatre, un certain Faustus Esclave cent trente six. Et dans le denombrement du Peuple de l'Italie qui se fit sous Vespasian, il s'en trouva plusieurs qui estoient âgez les uns de cent & quatre ans, & les autres de cent & dix, de cent & treize, de cent & vingt, de cent & vingt cinq, de cent & trente, de cent trente cinq, de cent trente & sept, de cent quaráte, & un ou deux de cent cinquáte.

L'on ecrit mesme qu'il y a des Nations entieres, comme les Gymnetes, & les Chaldéens qui vivent d'ordinaire cent ans & davantage; quelques Peuples d'Ethiopie cent & vingt; certains Indiens cent & trente; ceux qui habitent le sommet du Mont Athos le double des autres Nations circonvoisines; les Cyrnes, & les Pandoréens des Indes cent & quarante; les Marognoniens de l'Amerique cent soixante & davantage; quelques autres peuples des Indes jusques à deux cét ans.

L'on ecrit aussi d'un certain Metellus Pontife qui vescut cent ans avec tant de force & de vigueur que sur la fin de ses jours, dit Cicero, il ne regrettoit point la jeunesse: L'on ecrit de mesme de Cyrus âgé de cent ans, qu'il disoit ne s'estre jamais senty plus foible dans sa vieillesse que dans sa jeunesse; d'une certaine Comediene nómée Luceia qui monta cent ans sur le Theatre; d'une autre Comediene qui estant âgée de cent & quatre ans se remit à la Comedie; d'un certain Zenophilus Pytagoricien qui vescut cét & cinq ans sans aucune incommodité, & qui mourut dans la splendeur, & dans l'eclat d'une tres parfaite doctrine; de Georgias Leontin qui parvint jusques à l'âge de cét & sept ans sans avoir jamais cessé d'etudier, & de travailler; de ce celebre Arganthonius Roy des Vartessiens qui vescut cent & cinquante ans, & dix ans moins que Cinyra Roy de Cypre; de Democrite qui se laissant mourir de faim à cent & neuf ans, parcequ'il reconnoissoit que les forces de son Esprit manquoient, voulut bien encore à la priere de sa sœur vivre quelques jours jusques à ce que la Feste de Ceres fist passée, se faisant apporter du pain chaud qu'il se tenoit proche du nez, & prolongeant ainsi sa vie trois jours durant par la seule odeur du pain.

Or encore que Lucian ajoûte que ce qui se dit de l'âge du Roy Arganthonius semble fabuleux, neanmoins ce soupçon de fable est diminué par trois ou quatre histoires qui sont toutes recentes, & de la verité desquelles on ne sçauroit presque douter. La premiere est de Thomas Paris qui l'an trête cinq de nostre Siecle mourut à Londres, où on l'avoit transporté pour le faire voir au Roy; car l'on verifia par des Actes authentiques qu'il avoit vescu cent cinquante & deux ans. La secóde est d'un Vieillard de Brie que nous avons veu vivant à cent & quatorze ans avec un sien fils qu'il avoit eu à cent ans. La troisieme est d'un certain Sr. de Launay qui mourut l'année derniere en Anjou, celuy-cy ne devoit estre guere moins âgé que le Vieillard de Brie, puisqu'un mien Oncle qui mourut aussi la mesme année âgé de quatre vingt sept ou huit ans, m'a dit plusieurs fois que ce Launay devoit avoir plus de ving cinq ans plus que luy.

Ces Histoires rendent moins incroyable celle d'Epimenides qui selon quelques-uns a vescu cent cinquante & sept ans, & selon d'autres deux cent quatre vingt dix neuf ans. Celle d'un certain nommé Jean, qu'on dit avoir servy sous Charlemagne, estre mort sous Côrad III. & avoir vescu trois cent soixante & un an, d'où vient qu'on l'appelloit d'ordinaire Jean des temps. Celle d'un certain nómé Richard qui avoit aussi servy sous Charlemagne, & que Guide Bonat dit avoir veu âgé de cinq cent ans. Celle de cet Homme de Bengale dans les Indes, dont parle Maffée en ces termes, *L'on dit qu'il avoit trois cent trente cinq ans, & il n'y avoit point sujet de croire qu'il y eust du mensonge, car les Vieillards du Pays disoient l'avoir appris de leurs Ayeuls, & il avoit un fils âgé de quatre vingt dix ans. Les dents, poursuit-il, luy estoient tombées, & revenues plusieurs fois, & sa barbe estoit devenue tres noire apres avoir esté toute blanche. Il estoit premierement Idolatre, puis il se fit Mahumetan ; il estoit nourry aux depens du Sultan pour la rareté de la chose.* Fernand Lopez de Caste rapporte la mesme chose, & pour la confirmer il ajoûte que dans ce mesme temps il y en avoit encore un autre en Bengale nommé Xeque-pire qui avoit trois cent ans: Mais dans toutes ces choses, & autres semblables il faut, comme dit Pline, s'en rapporter à la bonne foy des Autheurs, *penes Auctores fides esto.*

Pour ce qui est d'un certain d'Andon d'Illyrie qu'on dit avoir vescu cinq cent ans; un Roy des Latins six cent; le fils de ce mesme Roy huit cent; Tyresias six ou sept cent; la Sybille Cumée plus de sept cent, & Erytreé jusques à mille, Pline tiét que cela est arrivé par l'ignorance des temps; *car les uns,* dit-il, *faisoiët une année de l'Esté, & une année de l'Hyver, les autres la faisoient de trois Mois comme les Arcades, les autres d'une Lune comme les Egyptiens.* Neanmoins cela ne se peut pas dire à l'egard de la Sainte Ecriture lorsqu'elle parle de la longueur de la vie de ces Anciens; car dans l'Histoire du Deluge il est fait mention du dixieme Mois, du dix septieme jour du second Mois, & du vingt septieme jour du septieme Mois, ce qui est une marque evidente qu'elle faisoit l'année Solaire comme celle dont nous-nous servons presentement.

Le mesme se pourroit faire à l'egard des autres Animaux, s'il estoit aisé d'observer leur naissance, le cours de leur vie, & leur mort; mais à l'exception de ceux qui sont Domestiques & apprivoisez, & que nous pouvons voir naistre, & mourir, nous ne pouvons rien connoitre d'une infinité d'autres qui vivent sous la terre, sous les eaux, dans les Forests, & dans les lieux ecartez. Car quoyque nous voyions les Hirondeles par exéple, naistre icy parmy nous, y demeurer tout l'Esté, & retourner au Printemps, cependāt qui-est celuy qui en ait jamais pû voir une ou mourir, ou morte de sa mort naturelle, ou mesme un Passereau, un Rossignol, quelque autre oyseau que ce soit, un Lievre, un Loup, quelque autre beste sauvage, un Brochet, un Muge, quelque autre Poisson, ou quelque autre Animal? Il est à croire ou qu'ils se cachent lorsqu'ils doivent mourir, ou que ceux qui restent les enterrent, ou les mangent. C'est pourquoy on ne doit pas s'etonner si Aristote nous a laissé si peu de chose de la longueur de la vie des Animaux, *quoy qu'Alexandre, dit Pline, enflāmé du desir de connoitre la nature des Animaux, luy eust cōmis cette charge avec ordre à des milliers d'hommes de luy obeïr soit dans la Grece, soit dans toute l'Asie.*

FIN.

Reliure serrée

www.ingramcontent.com/pod-product-compliance
Lightning Source LLC
Chambersburg PA
CBHW070607160426
43194CB00009B/1212